「行きたくなる」オフィス
集う場のデザイン

オカムラ ワークデザイン研究所
花田愛 著

彰国社

イラスト＝斉藤弥世
ブックデザイン＝田部井美奈・栗原瞳子

はじめに
「行きたくなる」オフィスをデザインする

花田　愛

自由に人と会えない時間を経験して、改めて「集う」ことを考えようと思ったことが、この本をまとめた背景にはあります。当たり前のこととして会社や学校に通い、そこでやるべきことをやって、その場にいる人と一緒に過ごしていた日常は、新型コロナウイルス感染症の拡大によって一変し、自由に集まることができなくなる状況を経験しました。集うことは、私たちにとってどのような意味があるのでしょう。

オカムラの研究所は１９８０年から40年以上にわたり、「働く」に関するさまざまな研究を、大学や企業とも連携しながら行ってきました。時代の変化によって、人びとの働き方が多様化し、オフィス環境もさまざまに変化するなか、私たちは自分たちが働くオフィスを実験・実証の場と位置づけ、自らの製品や空間を体験し、さまざまな働き方について実験的に取り組み、検証することで、よりよく「働く」ための空間や働き方を提案しています。

新型コロナウイルス感染症拡大による働き方の変化はとてもインパクトのあるものでした。感染症の拡大を防ぐため、私たちの仕事や学びは半ば強制的にリモートワークへの置き換えが進みました。リモートに移行できる技術的な準備は以前から整っていましたが、広く普及されるまでには至っていませんでした。それが感染症の流行によって、リモートでも仕事や学びが進められることが示され、移動の必要がなくなることによる時間の効率化や、通勤の負担軽減などのメリットも多くの人が体感しました。

そしていま、集うことの制限がなくなり、リアルに顔を合わせる日常が戻ってきて、私たちは集うことをどのように受けとめているのでしょうか。人は古くから集うことでつながりを強化し、集団を成立させてきました。ハレの日に集う楽しさ、熱狂を通じて、私たちは集団に属していることを認識し、文化や伝統を築いてきました。

こうした肯定的なつながりがある一方、集団の規律のなかに置かれ、指示に従うことを求められ、息苦しさを感じるつながりもあります。心地よいもの、緊張感があるもの、無関心になるもの……いろいろなつながり方があるのです。

では、どのように集うことができれば、よりよい働き方が実現するのでしょう。リモートでも仕事が進められる経験を経て、リアルに時空間をともにすることの必要性や期待、価値がいっそう高まっているのではないでしょうか。私は人が集う場づくりを担う立場として、リアルで集うからこその価値を高めていきたい。リアルだからこそ生じる、思いがけない出会いや何気ないやりとり、会話、そしていまのリモート技術では実現できない感情共有や体験が生まれる場のデザインを考えていきたいと思います。

それは、その場で人がどのような気持ちになるのか、その空間が及ぼす人への影響を踏まえたデザインです。本書ではその視点として、「空間」「視線」「接触」「位置」という四つのキーワードを置き、働き方から家具の形状まで、さまざまな疑問を投げかけています。その答えについて述べ、検証した方法と結果を示しています。

さまざまな検証を通して、働く場でどのように集いたいのか、空間として取り入れてみたいアイデア、これから働く場をどのようにしたいか、読者のみなさまがひとつでも参考になるものがあるとうれしく思います。

いま働く場に求めていることはなんでしょう。メンバーとのつながりや関係性をどのように築き、どのような気持ちで働きたいと思いますか。本書では、「行きたくなる」オフィスとはどのような場なのか、考えていきたいと思います。

目次

はじめに
「行きたくなる」オフィスをデザインする　花田 愛　3

空間　12

働き方が変わったいま、出社したくなるオフィスとは？　14

チームを活かすことができるのはどんな場所？　26

カジュアルな空間は、仕事のパフォーマンスを上げる？　44

[検証]

1　「行きたくなる」オフィスはどんな場所か

2　どんなプロジェクトワークが成果をあげるのか

3　「チームを活かす」オフィスはどんな場所か

4　カジュアルな空間は仕事にどんな効果を及ぼすのか

視線 56
集中が途切れないのは、どんなスペース？ 58
グループワークを活性化させる座席の向きは？ 72
ノートパソコンは各自持参。それでも会議にディスプレイは必要？ 82
［検証］
5 隣とどう仕切ると集中できるのか①
6 隣とどう仕切ると集中できるのか②
7 席の配置や資料の向きが、グループワークにどう影響するか
8 ディスプレイの位置が、グループワークにどう影響するか
接触 92
会話中の動きは、私たちのどんな意識を表している？ 94
立ち話の最中、どこかに触れたくなるのはなぜ？ 106
立ったまま会話をする2人の間に、テーブルは必要？ 118

[検証]
9　会話中の姿勢はどのように変化するか
10　立ち話の最中、両手はどこに触れているか
11　テーブルの大きさや高さは、会話にどう影響するか

位置

2人の共同作業がはかどるのは隣の席、それとも？ 128
四角いテーブルと丸いテーブル、共同作業にどう影響する？ 130
立ち姿勢が仕事の効率を上げるって、本当？ 140
ローテーブルやソファは、どんな仕事に向く？ 150

[検証]
12　座席の配置が、ペアタスクにどう影響するか
13　テーブルの形が、ペアタスクにどう影響するか
14　立位と座位が、作業中の心理にどう影響するか

15　テーブルの高さは、コミュニケーションにどう影響するか

インタビュー　170

使う人びとを信頼し、謙虚に、誠実につくる　172
大西麻貴（建築家）＋百田有希（建築家）

「ここならいてもいいかな」と思える場づくり　188
永井玲衣（哲学研究者）

出典　202
おわりに　204

空間

空間は私たちにどのような心理的・行動的影響を及ぼすのでしょうか。ここでは、働きたいと思う空間、チームで集いたい場所とはどのようなものなのか、またカジュアルなインテリアの空間にはどのような効果があるのか、空間の視点から集う場のデザインを見ていきます。

働き方が変わったいま、
出社したくなるオフィスとは？

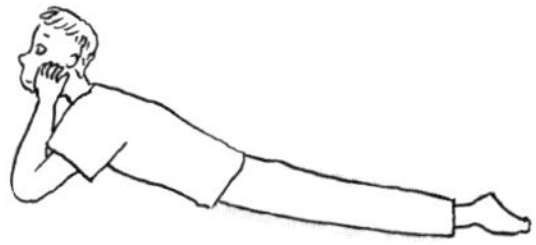

仕事の内容に適した場所を選べる、
リラックスして発想が広がる、
メンバーとのつながりを感じる、居心地がいい、
これら四つの要素を持ったオフィスが求められています。

行きたくなるオフィスとは？

オカムラの研究所では、「働く」に関する研究に40年以上にわたり取り組んできました。その間に、時代の変化とともに「働く」ことに関するキーワードも大きく変化しています。

ＯＡ化への対応と「快適性」の時代、知的生産性が注目された「効率性」の時代、知識創造のためのクリエイティブオフィスが推進された「創造性」の時代、さらにダイバーシティへの対応が求められるようになった「多様性」の時代と続き、そして現在は、働き方、働く場所の自由度の高まりに応じた「柔軟性」の時代へと変わってきています。「働く」場所に求められる空間も、それに沿って変化しています。

さらに、２０２０年代初頭のコロナ禍によって、多くのワーカーが在宅勤務を経験しました。仕事の内容によっては、現在もリモートワーク中心で働くワーカーも少なくありません。リモートワークが急速に広がったことで、働き方や暮らし方が大きく変化したと実感している人は多いと思います。

オフィスに集って働くことが前提となっていた状況が大きく変化し、もはや働くためにオフィスに行くことは当たり前ではなく、行くからこそ得られる経験や

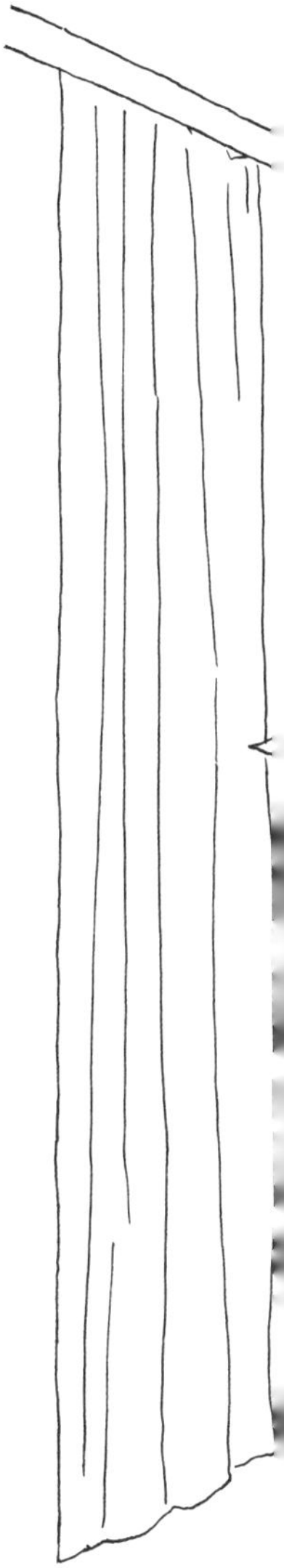

体験が重要になり、「行きたくなる」価値や機能が、オフィスには求められるようになっています。これまでのオフィスのあり方を振り返ってみても、これはとても大きな変化です。働く場所の選択肢が広がり、オフィスに行かなくても働けるようになった状況においても、「行きたくなる」オフィスとはどのような場なのでしょうか。

　このことを明らかにするために調査を行いました。「行きたくなる」オフィスはどのような場所なのか、在宅勤務でも仕事ができるのに、あえてそこで仕事をしたいと思う場所を、オフィスの写真20枚から選んでもらいます。さらに、なぜその場所で仕事がしたいと思ったのかその理由をヒアリングしました。その結果、行きたくなる場は、どんな仕事ができるか、メンバーとの交流や創造的な行為になっているかといった「仕事への取り組み」と、働きたい場所を選べたり、リラックスできたりといった行動面・心理面からの「働きやすさ」で整理できました（「検証1」25頁）。詳しく見ていくと、オフィスに行きたくなる要因は大きく四つの特徴に分類できました。

自分の仕事に合った場所で効率的に

まず一つ目は、「自分の仕事に合った場所を選んで、効率的にふるまえること」です。個人のワークスペース（フリーアドレスの席も含む）があること、きちんとした姿勢で心身の負担が少ない状態で作業ができ、業務に必要な資料を広げられることなどが求められています。そのための環境には、ディスプレイといった設備的な要素が重要になります。また、自分で作業しやすい場所を選べることは、仕事がはかどり、さらに心身への負担が減ることにもつながっているようです。

リラックスして発想が広がる

二つ目は、「リラックスして、発想を広げられること」です。デスク席だけでなく体をゆったりと預けて座れるソファ席があったり、立って仕事ができる上下昇降可能なデスクなどがあったりして、自由に姿勢を変えられる環境。また、植物が近くにあり自然を感じて働くことができる環境。これらはストレスを低減し、発想を広げられると感じるようです。

無機質で機能的な空間は、効率的に作業を進めることには向いていると思いますが、新しいアイデアを考えたり、じっくり課題を検討をしたりするときにはどうでしょうか。自然の素材感を感じられるような空間で、伸びをしたり、少し歩

「行きたくなる」ワークプレイスとは、どんな場所でしょう。
→ 検証1 (P.25)

いたり体を動かすことで思考を切り替えたり、近くの植物を眺めて心が落ち着いたりするほうがよいと感じるのではないでしょうか。

メンバーとつながり安心できる

三つ目は、「メンバーとつながり安心できること」です。オフィスは打ち合わせなどメンバーとのやりとりだけが大切なのではありません。メンバーと同じ場所にいて互いの存在を感じられることだけでも、落ち着いて働くことができると感じるようです。

また、近くにいることでコミュニケーションがとりやすいといったことも業務上の利点につながります。そのための環境としては、カフェやカウンターなど、コミュニケーションがとりやすいゆとりある空間のデザインが大事になります。

居心地よく、気持ちよく仕事ができる

四つ目は、「居心地よく、気持ちよく仕事ができること」です。開放感があり、インテリアの雰囲気がよく景色がいい空間は、居心地よく働くことができます。それがワーカーの癒やしにつながり、他者に対しても優しくなれ、気持ちよく働

くことにつながっているようです。

そのための環境には、光を取り入れる大きな窓、照明などの光環境、インテリアの色彩が大きく影響します。植物や花の存在も大きく、ゆとりのある空間・気持ちで働くことが望まれています。デスクの高さや椅子の座り心地だけでなく、その場にいることで気分がよくなり、その場所に居続けたいと思うような気持ちになれることが、働く場所に求められているといえます。

行動や心理に作用する「働き心地」

自分の仕事に合った場所を選んで効率的にふるまえること、リラックスして発想を広げられること、メンバーとのつながりを感じられること、居心地がよく気持ちよく仕事できること、これらの四つがオフィスに行きたいと思わせる要因であることがわかりました。

仕事に合った場所、メンバーとの交流といった視点は、これまでのオフィスづくりでも注力されてきた点です。より効率的に仕事を進められるための機能性が追究され、メンバーとの交流を促すための場づくりなどにも、盛んに取り組まれてきました。ここで、さらに求められるようになったのが、リラックスできることや居心地といった個の心理的な視点です。

よりよい仕事を行うために、集中だけではなく心地よさが必要とされるようになった背景には何があるのでしょう。仕事で求められる成果が、定型的な業務から、新しい価値を生み出す非定型なものへと移行していることがあるのではないでしょうか。

メンバーとのつながりについても、会議室にも使えるような無機質な場所を準備していれば交流が生ずるわけではありません。そこにはメンバーとのつながりが生まれる「きっかけ」が必要です。その場所に一緒にいたいと思えること、そのような気持ちになる居心地のよい環境が、働く場所に求められるようになってきているといえるでしょう。

|検証1|

「行きたくなる」オフィスはどんな場所か

「行きたくなる」四つの要因

在宅勤務でも仕事ができるのに、あえて「行きたくなる」オフィスはどのような場なのかインタビュー調査を行った。

調査対象にさまざまなオフィス空間の写真20枚を見せ、その場所で仕事をしたいと思う写真を選んでもらった。その理由をたずね、行きたくなるオフィスの要素を分析したところ、「どんな仕事がしたいのか（交流・創造）」「どんなふうに仕事がしたいのか（行動面・心理面の働きやすさ）」という視点が軸となり、「自分の仕事に合った場所を選んで、効率的にふるまえる」「リラックスして、発想を広げられる」「メンバーとつながり安心できる」「居心地よく、気持ちよく仕事ができる」空間が期待されていることがわかった（図1）。

調査概要

調査対象：会社員5人、大学教職員5人（評価グリッド法[1]を応用して実施）

1. 20枚のオフィスの写真から「仕事がしたい」「仕事がしたいとは思わない」写真を選ぶ
2. 「仕事がしたい」写真を選んだ理由をたずね、具体的な言葉で答えてもらう
3. 言葉の中から、具体的な要素を抽出し分類
4. 要素をマッピングする（数量化III類、クラスター分析）

1　人の評価構造を捉えるのに有効とされるインタビュー調査の一手法。

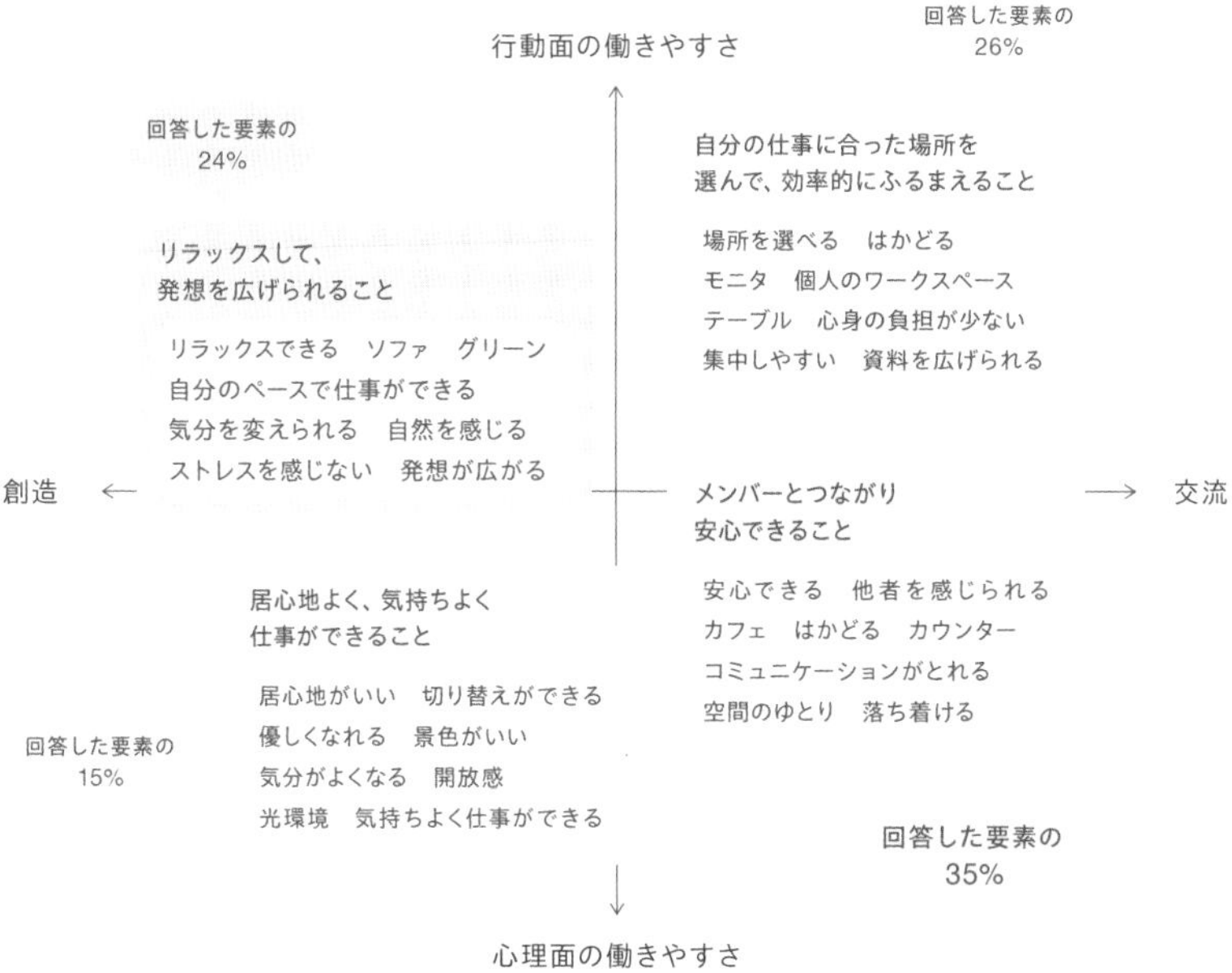

図1　「行きたくなるオフィス」要素マッピング

チームを活かすことができるのは
どんな場所？

チームの拠点に求められるのは、
にぎやかな雰囲気で快活に議論でき、
落ち着いた空間でじっくり相談できる……、
コミュニケーションの目的や特性に応じられる空間です。

メンバーと集う場であること

「行きたくなるオフィス」の調査で明らかになった要素のうち、自分の仕事に合った場所を選べる、リラックスして発想を広げられる、居心地よく気持ちよく仕事ができる、の三つの要素は、そのような環境が整っている場所に自分の身を置けば実現できるでしょう。しかし、メンバーとつながり安心できるという要素は、ともに仕事を進めるメンバーがいて初めて実現できるものです。個人の働きやすさを確保することも重要ですが、一緒に仕事を行うメンバーと集えることが、オフィスでこそ実現できる大事な要素だと思います。

今後プロジェクトワークの割合は増える

仕事上の新しい課題への対応が求められるとき、既存の組織や役割だけでは十分でないことも多々あるでしょう。そのようなとき、プロジェクト体制を組んで、部門を超えたチームで連携して仕事をすることになります。たとえば業務を効率的に行うために、部署の枠を超えてメンバーを編成し、新規事業や企画に取り組むようなケースです。

このようなプロジェクトワークは、そもそも経営者やオフィスワーカーにどのようにとらえられているのでしょうか。アンケート調査によると、経営者・役員

の7割以上、ワーカーの6割以上が、「プロジェクトワークは重要である」と回答しています[1]。さらに、「今後プロジェクトとして取り組む仕事の割合は増えていく」と考えている人は、経営者・役員で約6割、ワーカーでは5割となり、今後注目すべき働き方であることがわかります。

プロジェクトワークはどのように行われている?

それでは、実際にプロジェクトワークはどのように行われているのでしょうか。プロジェクトワークがどのように進められているのかより詳しく知るため、オフィスワーカー500名を対象に調査を行いました（「検証2」表1、42頁）。

その結果、プロジェクトのメンバー構成は、半数以上が同じ部門ではないメンバーで取り組んでいることがわかりました。メンバーの人数については10人弱のプロジェクトが半数を占めていました。

また、「全員での打ち合わせの頻度」は週1、2回が最も多く、「打ち合わせの場所の運用」については、6割以上の回答者がプロジェクト専用の場所を持っていることがわかりました。プロジェクト専用の場所で、個人作業ができる人が3割程度おり、全員で打ち合わせを行う以外にも、さまざまな作業を行っていると思われます。

プロジェクトワーク成功の要因

プロジェクトワークを成功させる要因とは、どのようなものなのでしょうか。プロジェクトワークで成果を出している人たちの特徴を洗い出し、成功の要因について分析を行いました（「検証2」表2、42頁）。

プロジェクトワークがうまくいくためには、「メンバーの相互理解」「情報共有」「モチベーション」「アイデア展開」といった四つの要素がポイントになることがわかりました。四つがすべてそろえば、プロジェクトワークが成功しているのかどうか、自分たちの成果についての良し悪しの評価は最も高くなります。そのなかでも「モチベーション」「アイデア展開」の二つが、「メンバーの相互理解」「情報共有」よりも、成果に対する評価に影響を与える可能性があります。二つの要素が同時にそろっていることが重要で、「アイデア展開」だけでは成果に対する評価は高くなりません。「モチベーション」「アイデア展開」の両方がうまくいくようにプロジェクトワークを進めることを、意識する必要があるでしょう。

アイデアを出し合える雰囲気の醸成には、メンバーとよい関係性が築けていることが前提だと考えられます。しかし、「メンバーとの相互理解」や、「アイデア展開」「情報共有」だけでは、プロジェクトワークの成果にはつながりません。「モチベーション」が重要なのです。「モチベーション」を高めるためには、互いにアイデアを展開したり議論したりするなかでプロジェクトの意義を改めて認識し、アイデアがさらに広がっていくことでプロジェクトに貢献している実感を得ることが有効です。

そのためにも、他のメンバーの熱意を感じ取れる環境、メンバーの反応を感じ取り、スピード感を持って対応できる環境が大切になります。6割以上がプロジェクト専用の場所を持っているという結果からも、そういった空間を用意して活用することが、プロジェクトの成果につながっていく可能性があります。プロジェクト成功のためには、メンバーとのつながりを深められる空間は大事だと思われます。

チームで行う仕事へのサポート

出社とリモートを選択して働くハイブリッドワークが広がったことで、メンバーと共同で行う仕事も、多くのことがオンライン上のやりとりでもできるようになりました。フルリモートでの勤務を選択できる企業も出てきています。業務内容によってはそれが可能な場合もあるでしょう。一方、フル出社を選択する企業もあり、働き方は多様になっています。このような状況において、どのような働き方を希望しているのか、リモートで働いたことのあるワーカーを対象にアンケート調査を行ったところ、多くの項目で、「出社とリモートのハイブリッドで働くほうがよい」と回答する人が半数以上の結果になりました[2]。しかし、チームでの仕事に関する項目については、「全員がオフィスに出社して働くほうがよい」と回答する人の割合が高くなりました。特に、チームメンバーとのコミュニケーションに関しては、出社して働くほうがよいと回答する人の割合は高くなり、チームで行う仕事をサポートする空間がオフィスに求められているといえそうです。

いま、チームで集まりたいのはどんな場所？

私たちは、オンラインでの会議や対面でのディスカッションなどいろいろな方法によって、連携をとりながらチームで仕事をしています。対面での会話や電話でのやりとりがメールに置き換わったことで、相手の状況や時間を気にせずに要件を伝えられるようになり、受け手にとっても突然、話しかけられたり電話がかかってきたりして仕事が中断されることが少なくなった、といった利点が生じました。

一方で、電話で話せばすぐに解決したことも、文章でのニュアンスの読み違いから思わぬ言葉のやりとりになり、余計な時間がかかるということもありますし、チャットなどの短いメッセージを介して相手の気持ちを読み取ることに疲弊してしまうということも起きています。

オンラインの会議では、顔は見えているけれど、細かなニュアンスまでは読み取ることが難しく、やはり対面で会ったときに得られていた情報量との違いに改めて気づかされます。チームでコミュニケーションをとるときは、対面がいいという結果にもうなずけます。

そして、何かをその場で検討して決めるといったような、仕事を前に進めることと、オフィスに行きたくなる要因のひとつに含まれた「メンバーとつながり安心できる」といった、メンバーとのつながりを実感できることがオフィスに求められているのです。

このようなことを踏まえて、チームで働くとき、どのような場所をチームの拠点にしたらいいのでしょうか。メンバーとのやりとりや、そのチームらしさといったチームのカラーや文化は、これまで同じ場所にいて活動をすることで自然とはぐくまれてきた側面があると思います。けれども、同じ場所で働くことが当たり前でなくなったとき、どのような環境がチームで集まる場所にふさわしいのか、当たり前に一緒に働いていたときとは違った場所のあり方を考えていく必要がありそうです。

チームの拠点にしたい場所の四つの特徴

そこで、どのような場所をチームの拠点として持ちたいと思うのか、調査を行いました（「検証3」43頁）。3人1組のチームに、オフィスの写真とオフィス以外の写真20枚ずつを見てもらい、「1年間程度、一緒に仕事をすることになったとき、チームの拠点にしたいと思う場所」の写真を選んでもらい、その理由をたずねたところ、チームの拠点にしたい場所は、議論か相談かという「コミュニケーションの種類」と、にぎやかなのか静かなのかといった「雰囲気」によって特徴づけられることが明らかになり、次の四つに分類できることがわかりました。

一つ目はにぎやかな雰囲気の中で議論できる感じのある、「チームの一体感や誇りを持ってプロジェクトを前に進められる場所」です。一体感や誇りをベースにしながら、いろいろな話をして円滑に情報共有ができ、プロジェクトを前に進められる場所を求めているのです。そのための環境としては、半個室で個人とチームの両方の作業スペースがあることが求められています。ここに6割近くの要素

「にぎやかな雰囲気の中で議論できる」「静かな雰囲気の中で相談できる」場所などがチームの拠点に求められているようです。
→検証3（P.43）

が含まれていることから、多くの人が求めるチームの拠点の特徴といえます。

二つ目は静かな雰囲気の中で議論できる感じのある、「仕事に柔軟に対応できて円滑に作業が進む居心地のよい場所」です。居心地のよい空間として重視されるのは、開放的で気分転換でき、考えを整理できる場所であること。そんな場所であれば、ものごとに柔軟に対応でき、円滑で効率的に作業がはかどると感じているようです。そのための環境として、動かせる家具や、ディスプレイなどの情報共有ツール、座りやすい椅子が求められています。

三つ目は静かな雰囲気の中でじっくり相談できる感じのある、「他者を理解し、本音で話すことで意見がまとまり、仕事の手戻りが少ない場所」です。落ち着いてリラックスした感じや、厳かな感じがする場所は、他者を理解したり、冷静な判

断をしたりすることができやすくなると感じているようです。そのために、執務時とは違って、薄暗くて畳やソファなどのある、視線が低く相手との距離も近くなる環境が求められています。

四つ目はにぎやかな雰囲気の中でじっくり相談できる感じがあって、「雑談や傾聴（人の話を共感を持って真摯に聞くこと）を通して、メンバー同士がよい関係になれる場所」です。それにより、チームの風通しがよく、自然体でいられると考えられています。料理や食事が一緒にできる設えや、屋外で焚火をするなど、非日常的でワクワクできる体験を共有できる環境も求められています。

集まって働くことの本質は「他者理解」

チームで集まる拠点を設計する際のポイントは「にぎやかな雰囲気の中で議論ができる」ことであることが、回答の要素の多くを占めていること

チームの拠点には、これまでのオフィスにはない体験の共有も求められているかもしれません。→ 検証3（P.43）

からも考えられます。

一方で、「静かな雰囲気の中でじっくり相談できる」場所をチームの拠点に求める人も、一定数いることがわかりました。この場合、議論・意見交換とはコミュニケーションのとり方が異なります。インタビュー調査のなかで出た、「落ち着いていられる」「リラックスした感じ」という言葉からうかがえるように、チームの拠点として「静かな雰囲気」を求めるチームもあるのです。

取り組むプロジェクトの性質やメンバー構成によって、チームが求める拠点は異なります。「にぎやかな雰囲気の中で議論できる」場所であることをメインとしながらも、チームの多様性に対応し、チームを活かす空間づくりをしていく必要がありそうです。

集まって働くことの意味を考えていくなかで、ここでは「チームの拠り所」について考えてきました。前節で述べた「行きたくなる」オフィスでは、効率的、リラックスできる、集中できる、交流できる、居心地がよいということが大切であることを示しました。一方、チームに着目すると、相談や傾聴、議論や意見交換がポイントになることがわかりました。

相談・傾聴、議論・意見交換というキーワードが出たように、集まって働くことの本質には「他者理解」があるのではないでしょうか。「他者理解」はなくても仕事は進められると思います。けれども、相手のことを知ることがよりよい仕事につながること、いい経験を共有できることに、私たちは仕事を通して気づいているように思います。機能的に仕事が進められる空間だけではなく、相手の話をじっくり聞けたり、一緒に体験ができたり、ともに経験を重ねられる場が、オフィスに求められているのです。

註
1 「コロナ5類移行後の働き方実態調査」2023年。調査：オカムラ。調査概要：従業員100人以上の企業に所属する正社員3000名と、従業員100人以上の企業の経営者・役員500人を対象としたアンケート調査。
2 嶺野あゆみ「出社、リモート、ハイブリッド、選ばれる働き方は?」『KNOWLEDGE RESEARCH PAPER』オカムラ、2023年。

|検証2|

どんなプロジェクトワークが成果をあげるのか

プロジェクトワーク成功のポイント

プロジェクトワークで成果をあげるメンバーの特徴を明らかにするため、その実態調査（表1）にもとづき、プロジェクトワークがうまくいくための四つの要素を特定。プロジェクトワークの成果についての評価との関係についてアンケート調査を行った。

回答者を五つのグループに分類・分析したところ、メンバーの相互理解や情報共有よりもチームのモチベーションを維持しアイデアを展開できることがプロジェクトワークの成果に大きく影響していることがわかった（表2）。

調査概要
調査対象：三大都市圏在住 20〜69歳のプロジェクトワークを行うワーカー500人
1. プロジェクトワークの実態をアンケート調査
2. 上記結果にもとづき、プロジェクトワークのメンバーの特徴とプロジェクトワークの成果についての評価の関係についてアンケート調査
3. 統計的手法によって回答者をグループ分け
4. 各グループの特徴と成果についての評価の関係を分析

表1 プロジェクトワークの実態

プロジェクトメンバーの構成
複数部門　44.8%
単一部門　42.2%
社外あり　13.0%

メンバー全員での打ち合わせ頻度
週1回未満　40.6%
週1、2回　45.6%
週3、4回　11.0%
週5回以上　2.8%

プロジェクトの参加人数
10人超　55.8%
15人程度　27.6%
20〜30人程度　12.6%
30〜40人程度　4.0%

打ち合わせ場所の運用
専用あり／個人作業できない　35.4%
専用あり／個人作業できる　28.8%
専用なし／個人作業できる　20.6%
専用なし／個人作業できない　15.2%

表2 プロジェクトワーク成功の４要素と成果についての評価の関係

	プロジェクトワークのメンバーの状態に対する評価				主観的成果
評価項目 ＼ グループ	メンバーの相互理解／受容	方向性／情報の共有	チームのモチベーション	アイデアの展開／収束	成果をあげた（7段階評価の平均値）
A グループ	◎	◎	◎	◎	5.1
B グループ	○	△	◎	◎	4.3
C グループ	◎	◎	△	×	4.0
D グループ	×	×	×	◎	3.7
E グループ	×	×	×	×	3.6

◎高評価　○やや評価　△やや低評価　×低評価

|検証3|

「チームを活かす」オフィスはどんな場所か

「チームで仕事をしたい場所」四つの要素

「集まって働く」という前提が崩れつつある現在、チームで働くときに、どのような場所をそのチームの拠点として持ちたいと思うのか、インタビュー調査を行った。

調査対象者は3人1組となり、オフィスの写真20枚、オフィス以外の写真20枚から、チームの拠点にしたい写真を選ぶ。その理由を1人ずつたずね、集まって働きたいオフィスの要素を分析したところ、図1のように、雰囲気（にぎやか／静か）、コミュニケーションの種類（議論・意見交換／相談・傾聴）という二つの視点を軸に抽出されることがわかった。

調査概要
調査対象：3人1組、合計5組の会社員、大学教職員

1. 40枚の写真から、「チームで1年間程度、一緒に仕事をすることになったとき、チームの拠点にしたい」写真を選ぶ
2. 「チームの拠点にしたい」写真を選んだ理由をたずね、具体的な言葉で答えてもらう
3. 言葉の中から、具体的な要素を抽出し分類
4. 要素をマッピング（数量化Ⅲ類、クラスター分析）

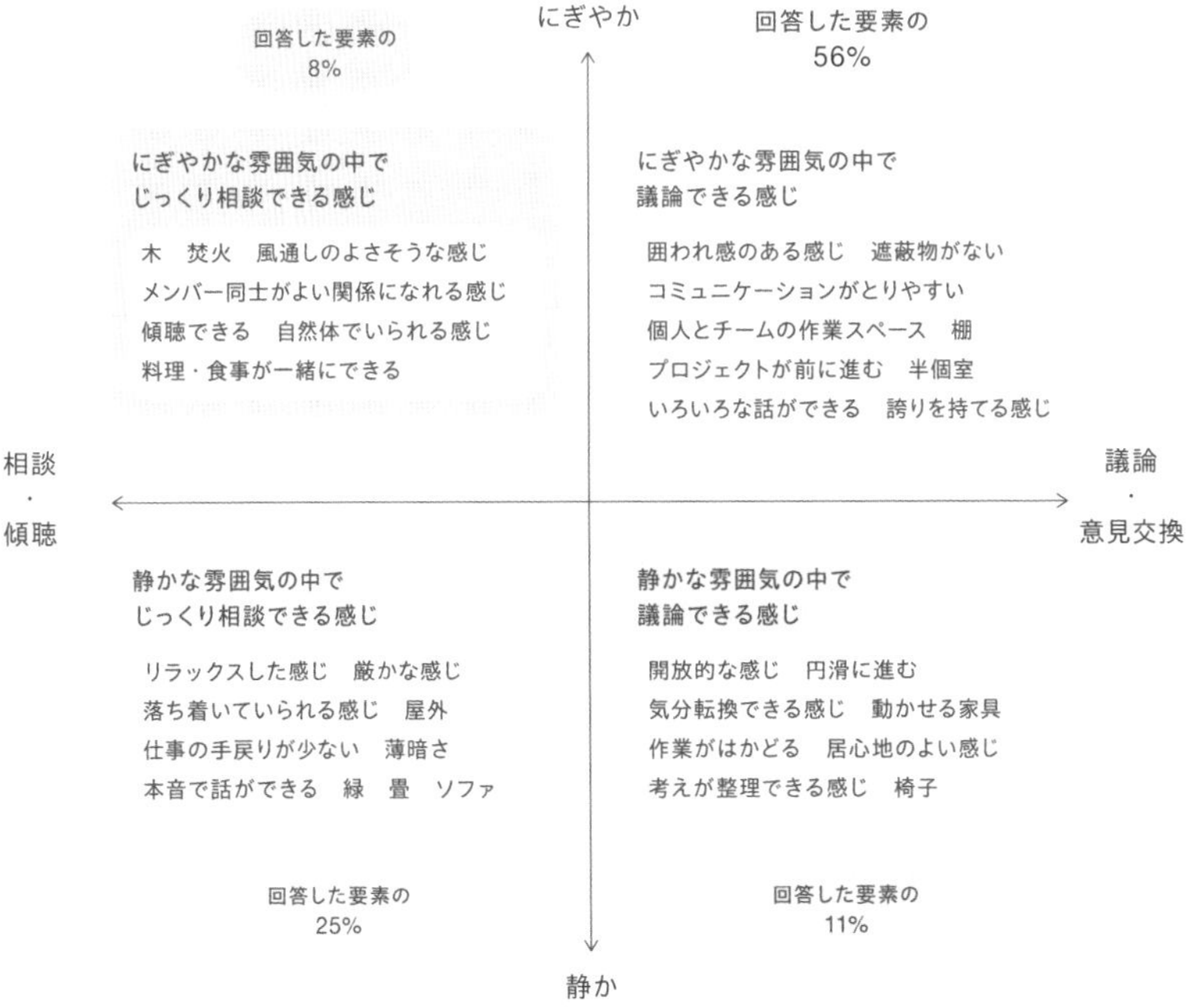

図1 「チームの拠点にしたい場所」要素マッピング

カジュアルな空間は、
仕事のパフォーマンスを上げる？

積極的・解放された気持ちになれるカジュアルな空間は、ワーカーをリラックスさせ、仕事のプレッシャーを低減、自律性を高める効果が期待できます。

つながりを築くためのオフィスづくり

　これまで見てきたように、オフィスでは効率性や生産性を上げて機能的に仕事が進められることだけが目的ではなく、一緒に働くメンバーの話をじっくり聞いたり、ともに経験を重ねたりすることで、「つながりを築けること」が大切になっています。毎日のように同じ場所に集わなくても仕事を進められるようになったからこそ、これからのオフィスがどうあるべきかを考えるうえで、つながりを築けることはとても重要になっているのです。

　つながりを築くためのオフィスとはどのような場所なのでしょう。そこで居心地よく過ごせて、メンバーとよい関係になれる。そのような気持ちに影響を与える感性的な視点から「カジュアルな空間」に着目して考えてみたいと思います。

カジュアルな空間の効果とは？

　昔から、グレーのデスクにグレーの椅子、たくさんの書類がデスクに山積みと、とても居心地がよいとは思えないオフィスは多くあります。しかし、いまでは、オフィスにカラフルな製品も増え、ゆったりしたソファ席や観葉植物があるなど、カフェのようなカジュアルなインテリアの空間が増えています。

オフィスにカジュアルなインテリアを導入するとどのような効果があるのでしょう。カジュアルな空間であれば、リラックスしてパフォーマンスが十分発揮できるといった効果を期待できるのでしょうか。コミュニケーションのとりやすさや行動のしやすさなど、ワーカーのアクティビティとカジュアルな空間には関係があるのでしょうか。

そもそも、私たちはどのような環境を「カジュアル」だと感じているのでしょうか。

リラックスできることが集中につながる

カジュアルなインテリアが、ワーカーにどのような影響を与えるのかについて調査を行いました（「検証4」55頁）。その結果、カジュアルなインテリアの効果は、個人の仕事かチームの仕事か「はかどる仕事の種類」と、個人の心地よさなのか周りの雰囲気の心地よさなのかといった「心地よさ」によって特徴づけられることが明らかになり、三つのまとまりに分類できることがわかりました。

一つ目は、「リラックスした気持ちになり、集中しやすくなる」効果です。明るい色使い、テクスチャーを感じる素材、植物や木目といった要素、床・壁・天井のデザイン、間

接照明・ペンダント照明などで演出された空間では、ワーカーはリラックスでき、緊張感が少なくなります。また、気分を変えられることで、集中でき、生産性アップにつながる可能性があります。
　集中できる環境は、静かで落ち着いた空間をイメージしがちですが、カジュアルなインテリアで緊張感がやわらぎ、落ち着いた気持ちでいられることも、集中につながると考えられるのです。

積極的な気持ちになれる

　二つ目は、「積極的な気持ちになり、人との交流が増える」効果です。さまざまな種類の椅子があったり、多様な姿勢で仕事をする人がいたり、いろいろな服装の人がいたりといった場の雰囲気から、積極的な気

カジュアルな雰囲気のオフィスとは、どんな場所でしょう。
→検証4（P.55）

分になれるということがわかりました。それによってコミュニケーションの幅が広がり、チームワークが高まる可能性があります。

自律性が高まる

三つ目は、「解放された気持ちになり、個人の自律性が高まる」効果です。大きな窓から外光が入ることで、明るく開放感があり、棚・小物、カウンターなどの家具がゆったり配置されたカフェのような空間をイメージしてみてください。そこではプレッシャーが和らぎ、自由な感じがすることで、自ら場所を選択して働くといった自律的な行動につながる可能性があります。

「新たな価値創造」への第一歩

このように「カジュアル」なインテリアは、「リラックスした気持ちになり、集中しやすくなる」「積極的な気持ちになり、人との交流が増える」「解放された気持ちになり、個人の自律性が高まる」といった、ワーカーのアクティビティを引き出す効果が期待できそうです。カジュアルなインテリアにすることによって、ワーカーに対する仕事のプレッシャーの低減に、いい影響を及ぼしているといえます。

与えられた仕事を時間内に効率よくこなしていく「量的な仕事」だけでなく、「新たな価値創造」が求められる仕事へと現代の仕事に求められる内容が変化していくなかで、管理されるのではなく、自ら判断し自律的に働くことが求められています。カジュアルなインテリアのオフィスの価値は、居心地のよさやデザインのよさだけにあるのではありません。

新しい提案のために、互いの意見を言い合えることや、年代や立場を超えて、積極的な気持ちで意見を交わせることは、「新たな価値創造」への第一歩になります。変化を受け入れ、新しいことにチャレンジできる、そのような働き方の発展を、カジュアルなインテリアのオフィスが後押ししているといえます。

行動の変化を促し、支える空間

オフィスだけではなく、服装のカジュアル化を進めている企業も増えています。カジュアルなインテリアのオフィスには、スーツ姿では浮いてしまうということもありそうですが、本質的にはカジュアルなインテリアのオフィスと同じような効果が期待されているのではないでしょうか。つまり、リラックスし、互いの個性を尊重し合い、メンバーとの関係性をつくって仕事を進めていくという効果です。余計な緊張をしなくていいことやリラックスできることだけが、カジュアル空間の目的ではありません。その先にある、新しい価値を創造すること、求められる働き方の変化こそが、カジュアルな空間の本質だと思います。

　変化が求められるとき、まずは行動を変えてみることが大事だといわれます。そして、その行動を促したり、変化を支えたりという大切な役割を、空間やデザインが担っているのではないでしょうか。

|検証4|

カジュアルな空間は 仕事にどんな効果を及ぼすのか

「カジュアルな空間」三つの効果

カフェのようなカジュアルなインテリアのオフィスが増えているが、「カジュアルな空間」とはどのような場でどんな効果があるのか、インタビュー調査を行った。

調査対象10人にさまざまなオフィス空間の写真24枚を見せ、カジュアルな雰囲気を感じる写真を選んでもらった。さらにその理由を具体的にたずね、カジュアルの要素を分析したところ「（個人の／チームの）仕事がはかどる」「(個人の／周りの雰囲気の）心地よさ」が軸となり、「リラックスした気持ちになり、集中しやすくなる」「積極的な気持ちになり、人との交流が増える」「解放された気持ちになり、個人の自律性が高まる」という三つの効果があることがわかった（図1）。

調査概要

調査対象：会社員6人、大学職員4人。

1. 24枚の写真から「カジュアルな雰囲気を感じる」写真を選んでもらう
2. 写真を選んだ理由をたずね、具体的な言葉で答えてもらう
3. 言葉の中から、具体的な要素を抽出し分類
4. 要素をマッピングする（数量化III類、クラスター分析）

個人の心地よさ ↑

回答した要素の 31%

積極的な気持ちになり、人との交流が増える

- 積極的な気持ちになる
- チームワークが高まる
- コミュニケーションの幅が広がる
- さまざまな種類の椅子がある
- いろいろな表情や服装の人がいる
- 多様な姿勢をとった人がいる

回答した要素の 45%

リラックスした気持ちになり、集中しやすくなる

- リラックスできる　CMF[1]の豊かさ
- 気分が変わる　明るい色使い
- 生産性が上がる
- 壁の色や天井のデザイン
- 集中できる　照明・床のデザイン

← チームの仕事がはかどる　　　　個人の仕事がはかどる →

回答した要素の 24%

解放された気持ちになり、個人の自律性が高まる

- 場所を選択できる　大きな窓・採光
- ヒエラルキーを感じない
- 明るく開放感がある
- プレッシャーが和らぐ
- 周りの人の様子がわかる
- 自由な感じ　カウンター

↓ 周りの雰囲気の心地よさ

図1 「カジュアルなオフィスの効果」要素マッピング

1 もののサーフェス（表面）を構成する色（color）、素材（material）、仕上げ（finish）のこと。

視線

本章では、会話ではない非言語行動として、視線や表情、身体動作がコミュニケーションに及ぼす影響に着目します。働く空間での視線の感じ方、視線を向ける行為によるコミュニケーションへの効果を踏まえ、集中を確保するための工夫、家具やツールの使い方から集う場のデザインを考えます。

集中が途切れないのは、
どんなスペース？

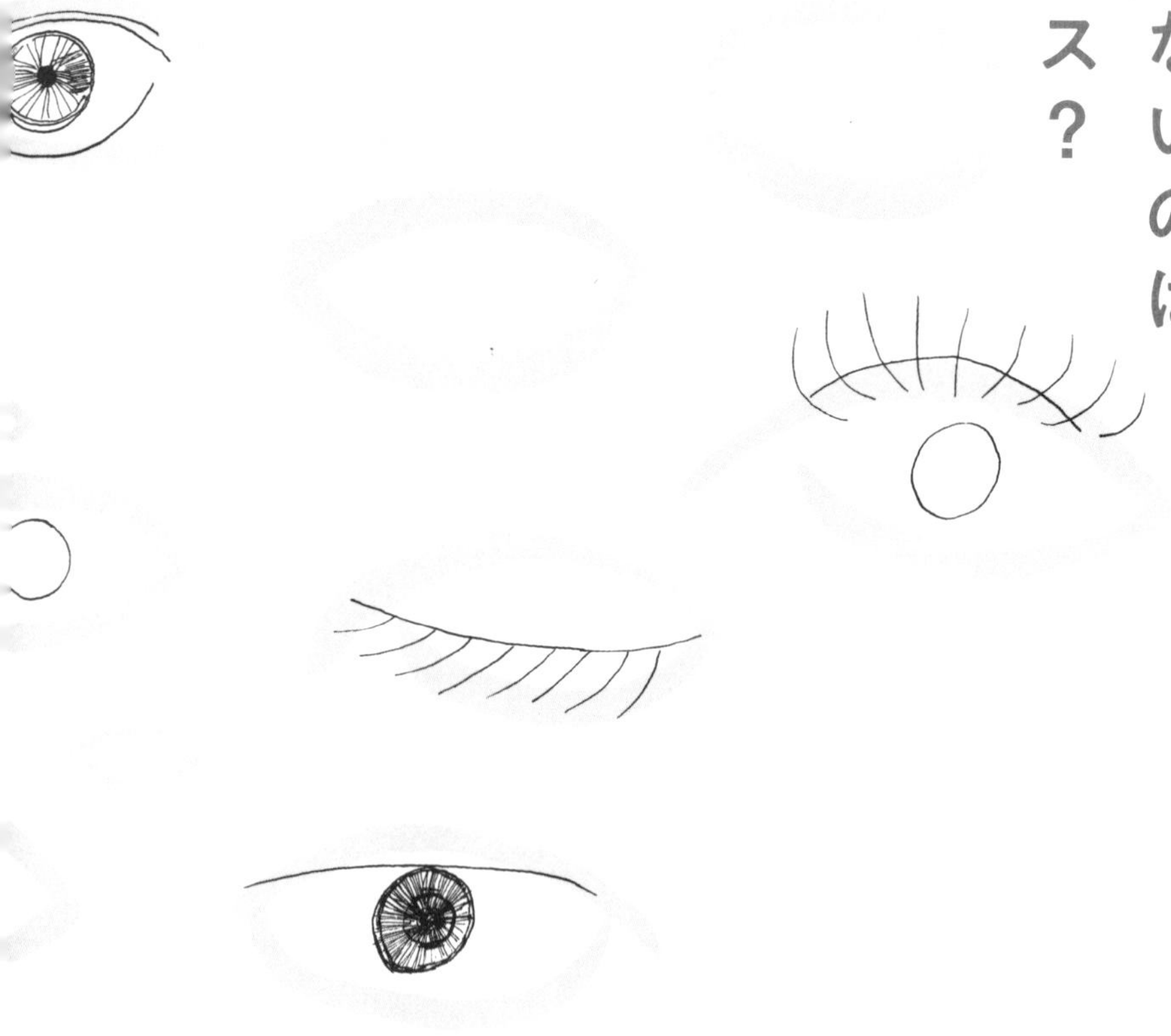

顔から腕がほどよく守られていると、
集中しやすい空間が生まれます。

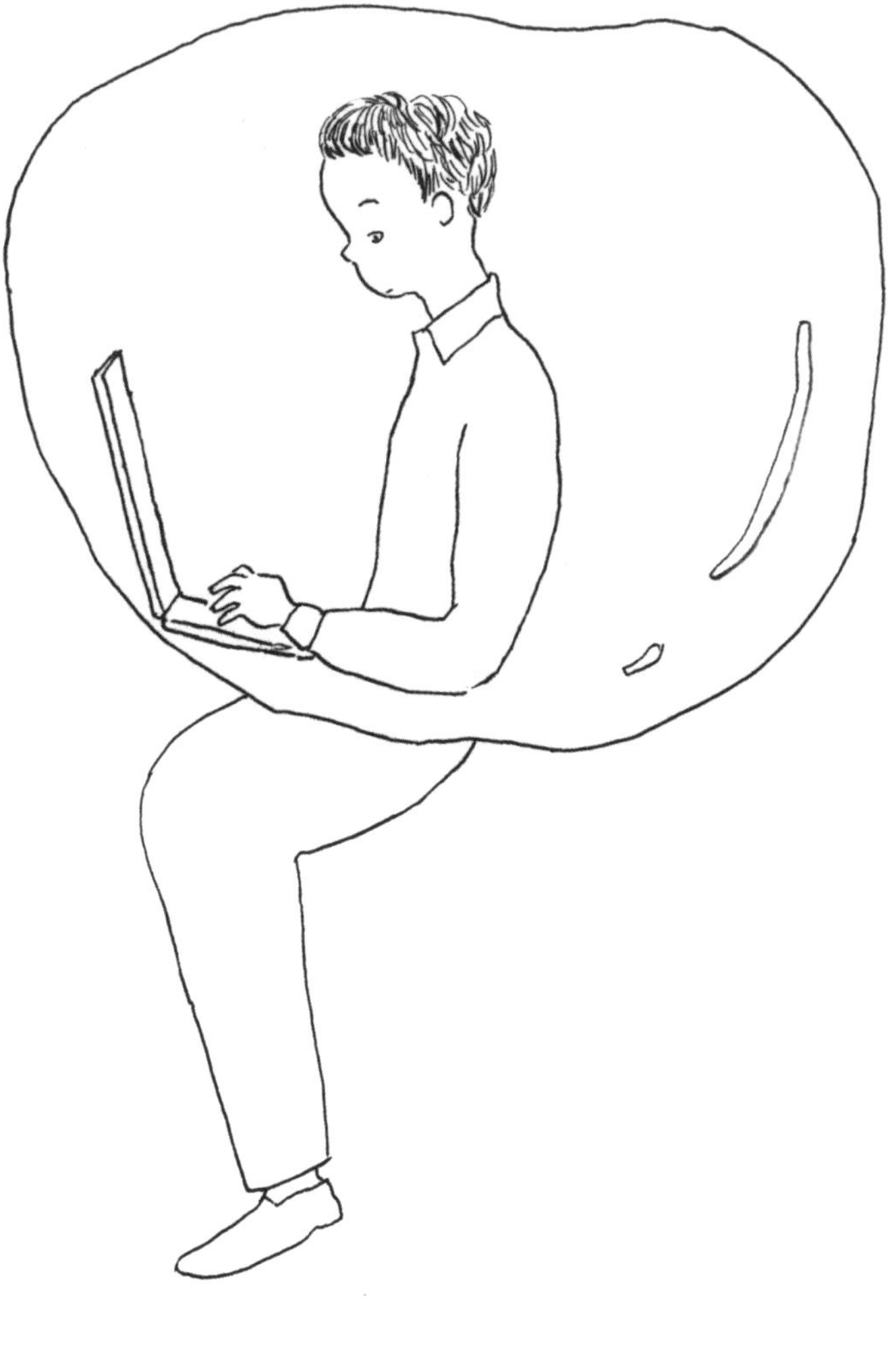

どんな場所だと集中できるか

みなさんは、どのようなスペースだと、集中して作業ができると感じますか。静かな場所がいい、少し雑音があったほうが落ち着く、イヤホンをして好きな音楽を聴きながら、外の景色が見えたほうがいい……。それぞれに、集中しやすいと感じる場所は違うと思います。しかし、眺めはよいけれど視線も集まりやすい高い場所や、何の仕切りもない空間の真ん中などでは、周囲からの視線が気になりすぎて、落ち着かないのではないでしょうか。

オープンでありながら集中できる空間がほしい

現在の私たちの仕事の仕方に目を向けてみると、リモートワークが普及し、ワーカー全員が毎日オフィスに集まるのではなく、自宅やコワーキングスペース、ときにはカフェなどさまざまな場所で働いたり、フレックスタイム制の普及などで勤務時間が柔軟になったりと、働き方の選択肢が増えています。

しかし、働き方が多様になり、ワーカー同士がリアルに顔を合わせることが少なくなったことで、組織内のメンバー同士のつながりが弱くなったり、これまで同じオフィスにいるだけで意識せずに見聞きして把握できていた、他の部門の仕事の状況などがわからなくなったりすることを課題に感じているワーカーも少な

くありません。このような働き方の変化のなかで、実際に居合わせる価値を高めることが、オフィスには求められているのです。

そのようななかで、お互いの状況を共有したり、コミュニケーションがとりやすいオフィス環境にするため、個人の執務スペースをパネルで囲うよりも空間全体が見通せる、オープンなオフィスが主流です。

しかし、本節の冒頭で触れたように、あまりにもオープンすぎると、周囲の視線が気になって落ち着かなかったり、集中できなかったりすることも少なくありません。オフィスがコミュニケーションをとりやすいオープンな空間でありながら、集中も確保できるようにするためには、どのように仕切ればよいでしょうか。

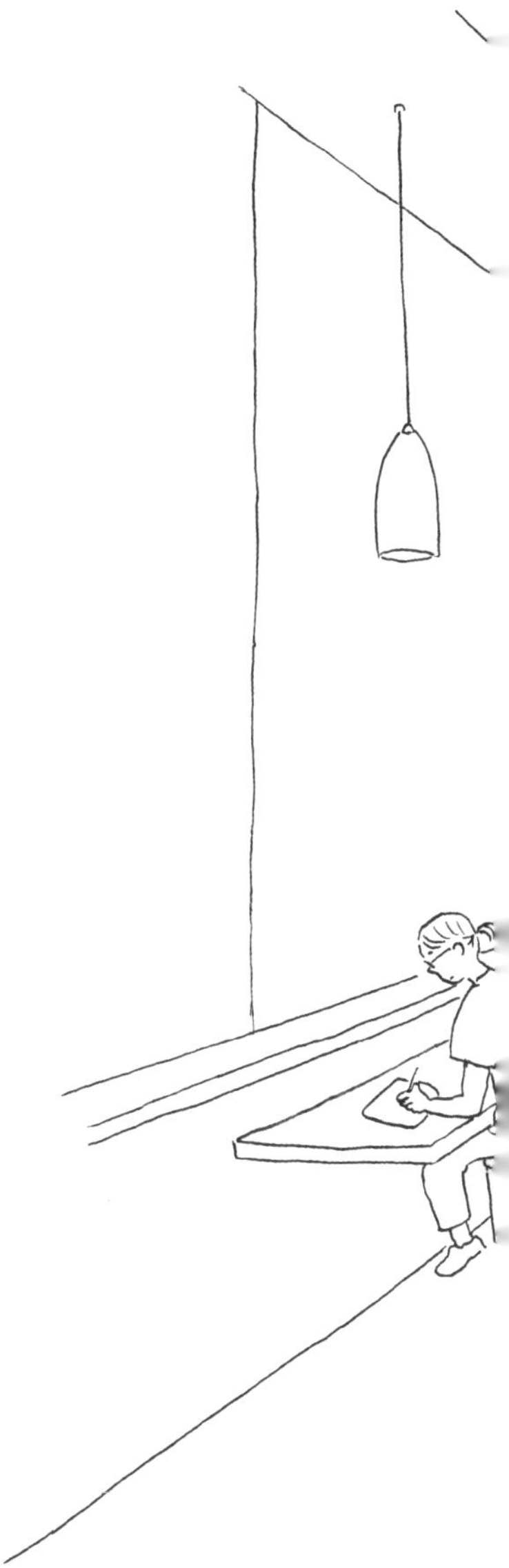

小さな仕切りをうまく活用する

デスクまわりの仕切りについて考えてみましょう。みなさんは、どのくらいの高さで仕切られていると、仕事に集中できるでしょうか。

フリーアドレスで、大きなテーブルを複数のメンバーと一緒に使って仕事をしている人も多いと思います。横並びの席に座って1人で作業をする場合、隣の人との間に仕切りがあると集中しやすいのに、と思ったことはないでしょうか。高い仕切りや四方を囲むような仕切りがあると窮屈に感じてしまいますし、そもそもオープンなオフィスで目指しているコミュニケーションのとりやすさを損ねてしまうことになりそうです。できるだけ圧迫感が少なく、集中しやすい理想の仕切りとはどのようなものなのでしょう。

圧迫感を考慮すると、頭から肩を隠すくらいの仕切りがよさそうです（「検証5」図1・2のC、69頁）。圧迫感は強くなりますが、最も集中しやすいのは、頭から腕までを隠す仕切りです（同図D）。守られ感と圧迫感のバランスを考慮すると、頭から腕を隠す仕切りがよいといえます（同図A）。

現在は、オフィスの中だけでなく、駅などの公共の場にも電話ボックスのような1人用の空間で、集中した作業やオンライン会議に参加できるワークブース[1]が設置されるようになりました。不特定多数の人が行き来する空間ですが、利用

仕事に集中するには、どのような大きさの仕切りをどう設置するとよいのでしょうか。→ 検証5 (P.69)

見通しのよい大きなワークスペースでは、仕切りを立てると集中度が高まります。どのように仕切ると、より集中できるのでしょうか。→ 検証6 (P.70)

状況がわかるようにするために、ワークブースの扉は透明で中の様子がわかるようになっています。外からの視線を感じにくくするために扉にシートを貼るなどされていますが、頭から腕にあたる部分が隠れるようにすると、ワークブースの中でより集中して働きやすくなりそうです。

オープンなオフィスで大事にしたいのはコミュニケーションのとりやすさですが、それだけでなく仕事に集中して取り組める空間にするために、小さな仕切りをうまく活用してみてください。

隙間があっても集中できる

ここからは、2人で向かい合って作業をしているときに、隣にも同じように作業をしている2人がいる場面を想像してみてください（「検証6」70頁）。隣との間に仕切りがないと隣で作業をしている2人が気になりますが、仕切られていれば集中がしやすくなります。もちろん、仕切りの隙間はまったくないほうが集中しやすいですが、周りの様子がわからなくなるため、少し隙間を空けるとよさそうです。では、集中できる隙間の大きさはどのくらいでしょう。隙間の幅を変えて実験を行いました。その結果、2人が並んで立てる程度（90～120㎝くらい）の大きな隙間があっても、仕切りがないよりは集中しやすくなることがわかりました

（「検証6」図1、70頁）。1人が立てる程度の隙間（30〜60cmくらい）ならば、より集中しやすくなります。このように、仕切りに隙間があったとしても集中できるので、オフィスに動かせるパネルやホワイトボードがあれば、仕切りとして使い、集中しやすい空間をつくってみてください。

次に、2人で向かい合って作業しているときに、仕切りの隙間に人が立ち、横から見られていると、どのように感じるのかについて見ていきたいと思います。立って見られていると集中はさまたげられやすく、人が通れない程度の狭い隙間（約30cm）でないと集中は確保できません（「検証6」図2、71頁）。ですから、オフィスで人の移動が多い場所に集中できる空間をつくるためには、仕切りの隙間は人が通れないくらい、肩幅より小さい程度の隙間にする必要がありそうです。

顔が隠れていることが重要

最後に、仕切りそのものに着目してみましょう。オフィスの見通しのよさや、圧迫感を感じさせないためには、仕切りは不透明よりも半透明のほうがよいと思われますが、半透明の仕切りでも集中は確保できるのでしょうか。透明度については、不透明のほうが集中しやすくなりますが、半透明であっても集中のしやすさは確保できます（「検証6」図3、71頁）。実は、仕切りの透明度よりも、仕切りで隠れている場所のほうが重要で、手元・足元が隠れているよりも、顔の部分が隠れているときが最も集中しやすくなります。集中しやすい空間にするためには、作業している手元や体は見えていてもかまいませんが、顔が隠れていて周囲からの視線を感じないことが重要なのです。

2人が向かい合って作業している状況についてここでは検証しました。2人の位置関係や作業の内容、人数によっても仕切りの感じ方は異なるでしょう。しかし、しっかり仕切らなくても、部分的に仕切ることで集中のしやすさを調整することができそうです。ぜひ、可動できる仕切りをいろいろ動かし、活用してみてください。

註
1 ワークブースは株式会社オカムラの登録商標です。

|検証5|

隣とどう仕切ると集中できるのか①

仕切りの位置とサイズ

横並びに座る2人の間に仕切りを立て、サイズや高さを変えながら、集中しやすさの度合いを検証した。

20人の実験参加者に20条件の仕切りを体験してもらい、その効果を4段階でたずねたところ、集中しやすい4つの条件にしぼられた(図1)。いずれも顔に近い部分が隠れており、さらに守られ感と圧迫感のバランスを考慮すると、額から腕を隠す下図Aの仕切りが効果的であることがわかる(図2)。頭頂から腕を隠す下図Dの仕切りは、圧迫感はあるが、集中のしやすさは最も高い。

実験条件

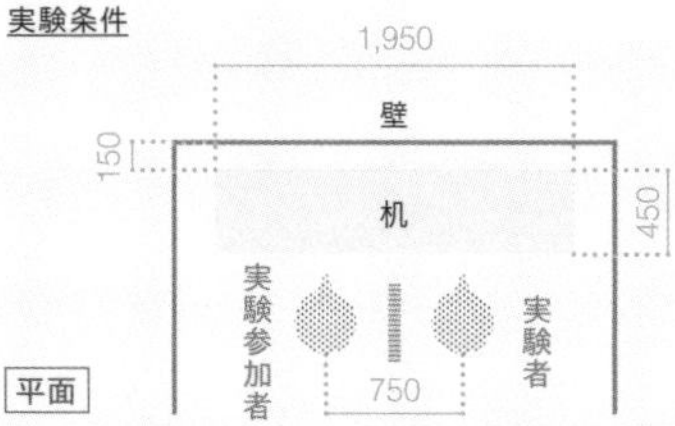

仕切りサイズ(mm):W=300/縦の長さ11種類(H=50、100、150、200、250、300、350、400、500、550、700)床から仕切り上端までの高さ(mm):H=1,100、1,150、1,300さらに、仕切りのない状態も含め、合計20条件で集中度と守られ感、圧迫感を評価する

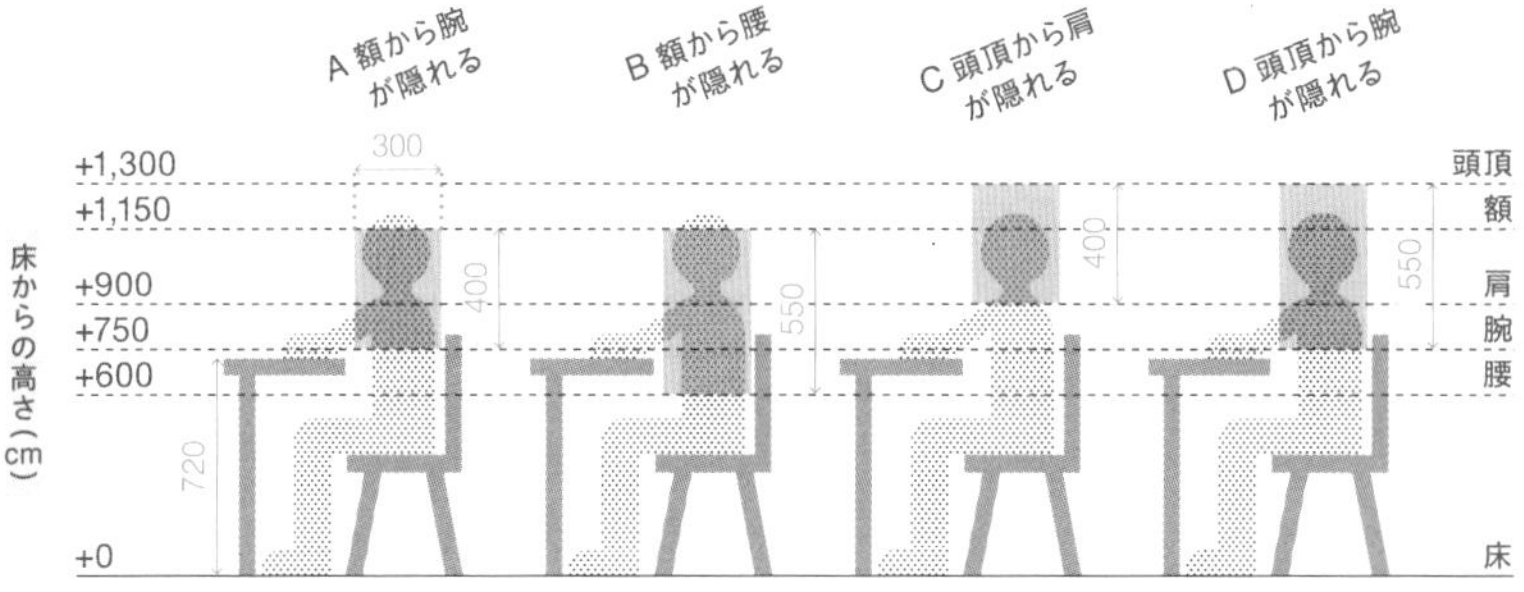

図1 集中しやすい4つの仕切りの位置とサイズ

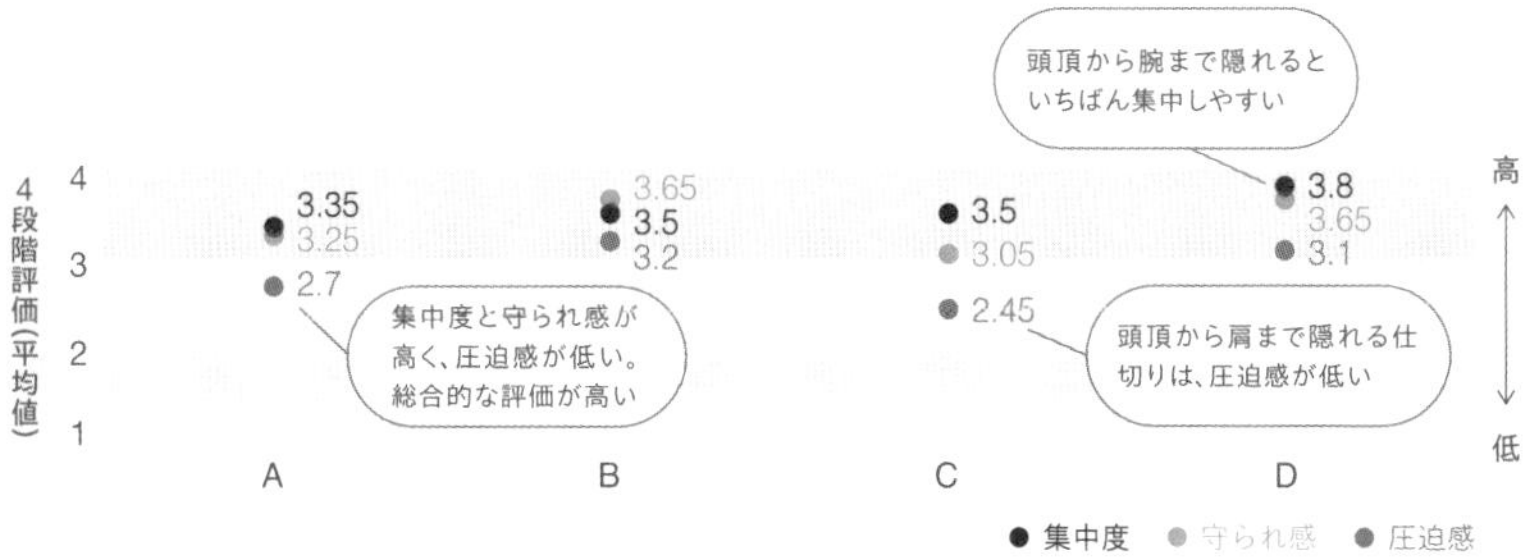

図2 集中しやすい4つの仕切りの集中度・守られ感・圧迫感の評価(A~Dは図1に対応)

|検証6|

隣とどう仕切ると集中できるのか②

仕切りの隙間と透明度

向き合って座る2人（実験参加者）と実験者2人の間に2枚の仕切りを立て、その隙間の幅や仕切りの向こうの状況（1.隣で人が作業するとき、2.隣に人が立つとき）、さらに、3.仕切りの透明度と高さによる集中しやすさの度合いを検証した。

21人の実験参加者に、それぞれの条件で集中度と守られ感を4段階でたずねたところ、1〜3いずれの状況でも、仕切りの隙間が狭いとより集中しやすく、守られ感が高まるという回答を得た。

さらに、隙間が大きくても仕切りがないよりは集中しやすいこと、仕切りが半透明であっても一定の効果があることがわかった。

1.隣で人が作業するとき

実験条件

仕切りサイズ(mm)：W900×H1,800
仕切りの隙間(mm)：W=0、300、600、900、1,200
さらに仕切りのない状態も含め、合計6条件で集中度と守られ感を評価する

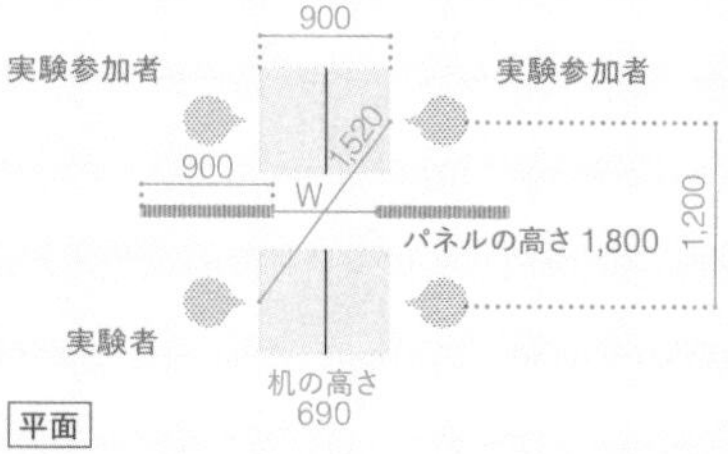

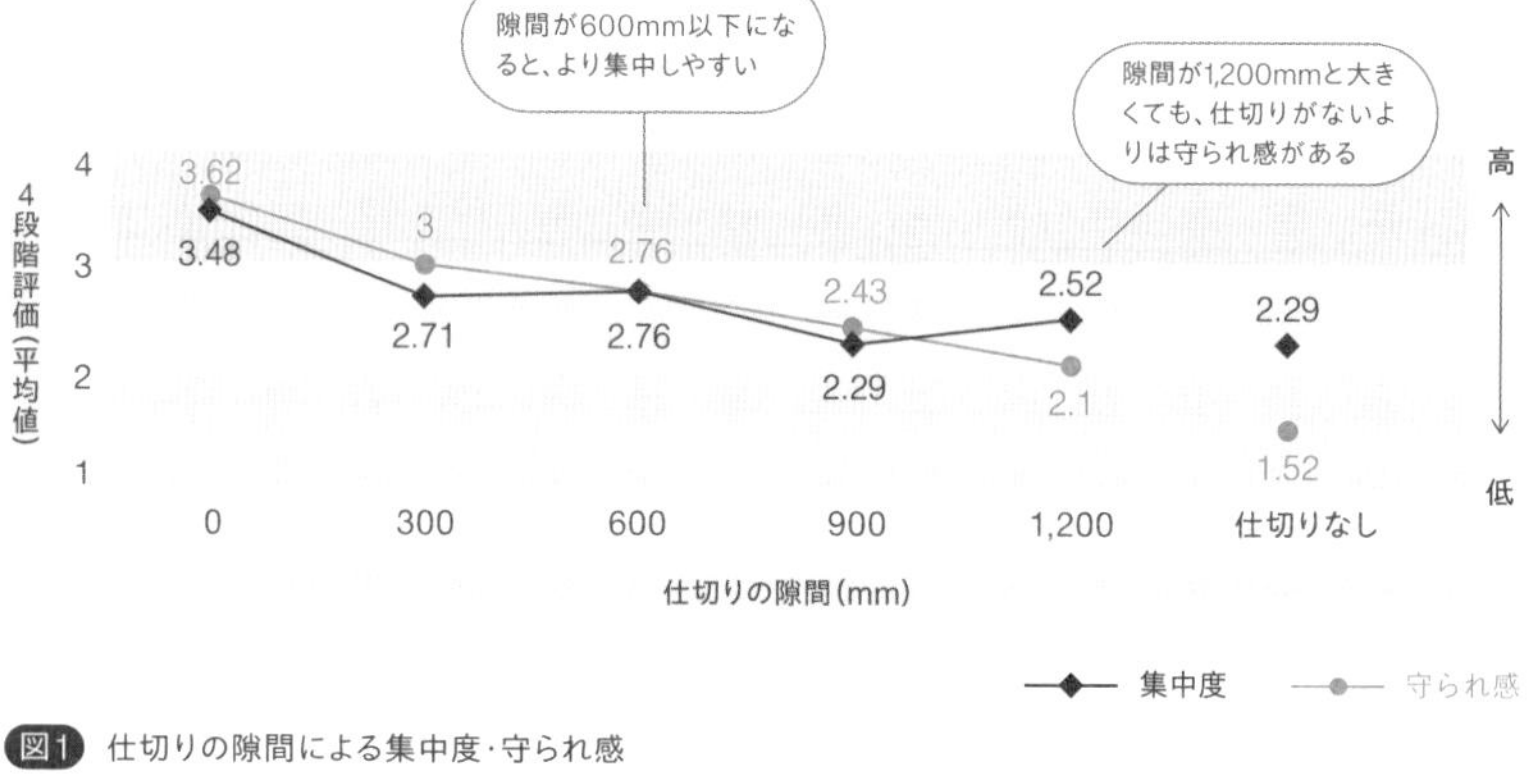

図1 仕切りの隙間による集中度・守られ感

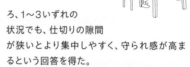

2. 隣に人が立つとき

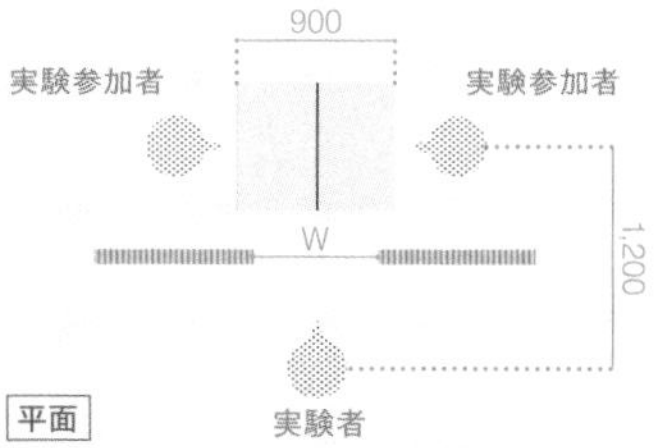

実験条件

仕切りサイズ(mm):H1,800×W900
仕切りの隙間(mm):W=300、600、1,200
さらに仕切りのない状態も含め、合計4条件で集中度と守られ感を評価する

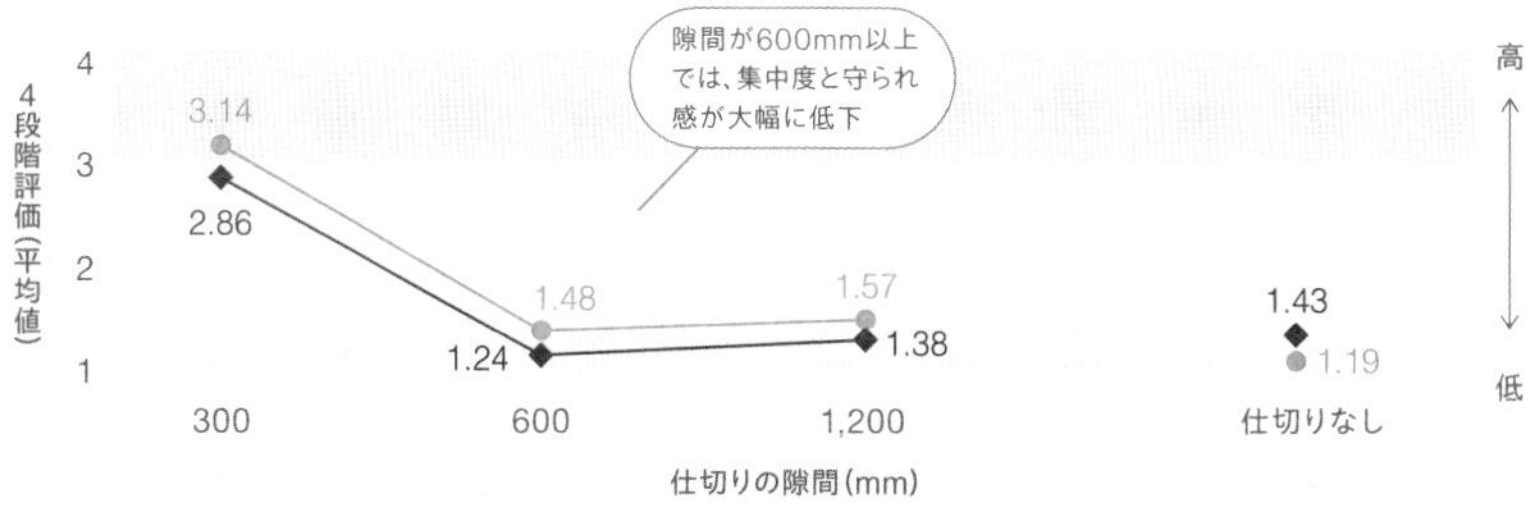

図2 仕切りの隙間による集中度・守られ感

3. 仕切りの透明度と高さ

実験条件

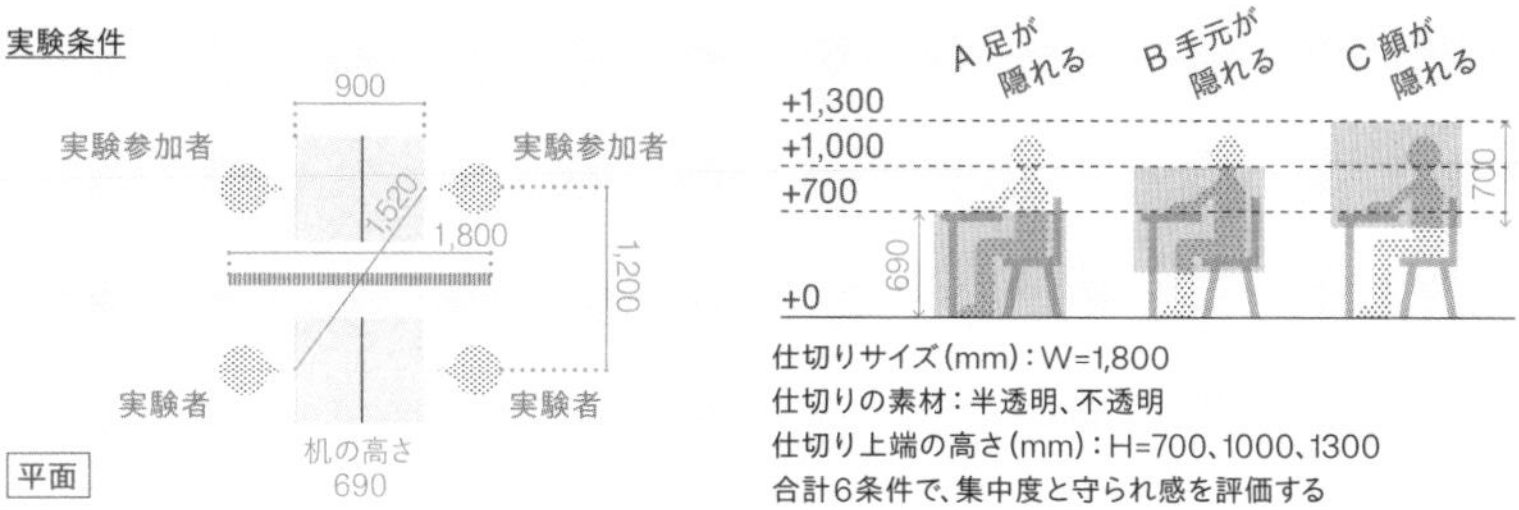

仕切りサイズ(mm):W=1,800
仕切りの素材:半透明、不透明
仕切り上端の高さ(mm):H=700、1000、1300
合計6条件で、集中度と守られ感を評価する

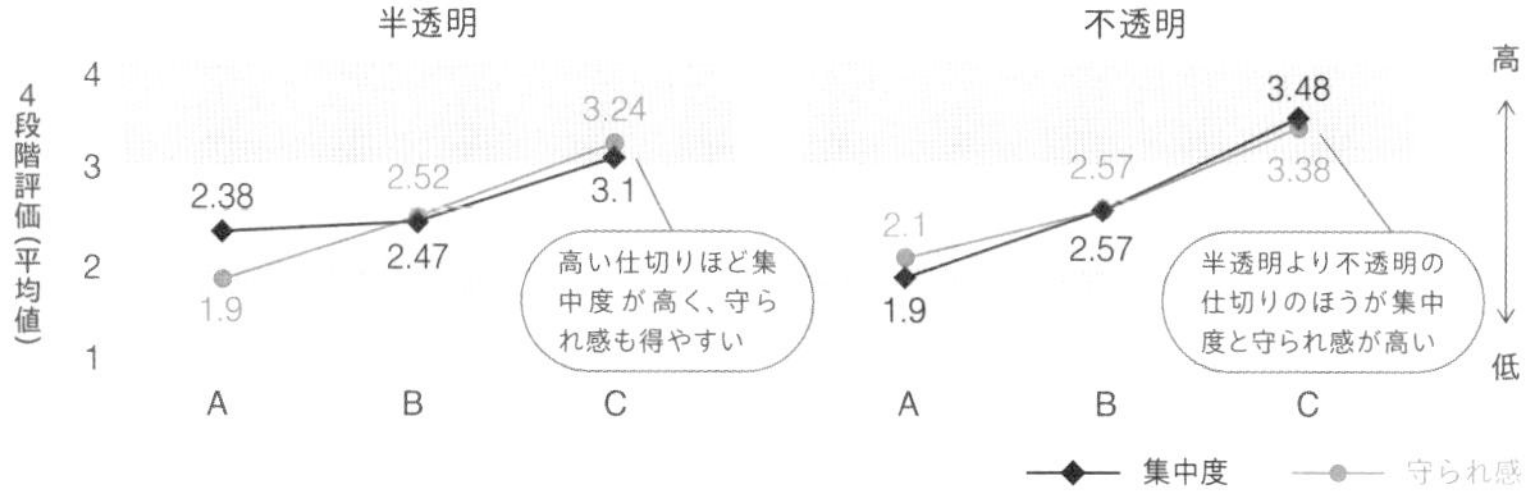

図3 仕切りの透明度と高さによる集中度・守られ感(A〜Cは上図に対応)

グループワークを活性化させる座席の向きは？

ディスカッションに集中するなら正面、
資料をしっかり共有するなら隣。
目的に応じてメンバーの位置や向きに配慮しましょう。

コミュニケーションにおけるしぐさの役割

課題への取り組みや、新たな創造のためには、多様なバックグラウンドや経験を持つメンバーが集い、互いに意見を交わして、考えやアイデアをまとめていくグループワークが欠かせません。よりよいグループワークのためには、そこで交わされる、会話や表情、視線などによる意思の疎通や、意思表示が大切になります。

オンライン会議のとき、画像がオフになっていて相手の表情が見えないと、ちゃんと理解し合えたのか不安に感じることがあります。私たちは言葉によるやりとりだけではなく、アイコンタクトといった視線のやりとりや、表情や身振り手振りといったさまざまなジェスチャーによって、多様なコミュニケーションを行っています。また、画像をオンにしていても、話す相手の顔の部分しか見えないので、一緒の場所にいるときに相手の全身から感じられる気配を読み取ることができません。そのことを補うように、少しオーバーにリアクションをしてみたり手ぶりをつけてみたりと、無意識にオンラインだからこその工夫をしていることもあるのではないでしょうか。

メンバーの「向き」が大事なわけ

よりよいコミュニケーションができるグループワークの環境とはどのようなも

のなのでしょう。同じ空間でグループ作業をするとき、座る位置によって、メンバーの表情がとらえづらい、共有している資料が見えにくいなどと感じたことはないでしょうか。テーブルを囲んだグループワークでは、メンバー同士の向きがコミュニケーションに影響をしていると思われます。

メンバーに視線を向ける回数と、書いた文字に対する指差しのジェスチャーの回数について、メンバーの座る位置関係での違いについて検証してみたところ、テーブルを囲んで座ったときにメンバーに向ける視線の回数は、そのままの姿勢で相手の表情がよく見える正面のほうが、のぞき込まないと表情が見えない隣の席よりも多くなりました（「検証7」81頁）。食事など日常生活のシーンのなかでも、同様のことはいろいろと思い浮かびますね。

ある程度盛り上がっているグループワークでは誰もが発言がしやすいですが、みんながあまり意見を出さない場合には意見を言いづらく感じます。相手の表情を見て、考えているタイミングなのか、悩んでいるのか、もしくはアイデアが浮かんだのかなど、様子をうかがいながら、自分の発言のタイミングを考えていることもあると思います。このように、グループワークでのコミュニケーションやディスカッションには、言葉以外のメンバーの表情や全体の気配などの情報が大きく影響していると考えられ、メンバー同士が、どの向きで座っているのかはと

ても重要になっていると思われます。

共有する資料の向きは？

正面に座るメンバーには、同じ向きで隣に座るメンバーより、多くの視線が向けられますが、テーブルの上に置かれた資料についてはどうでしょうか。正面に座るメンバーから読みやすいように、文字を逆さに書いてみたり、席を移動して文字を同じ向きから書いたりした経験がある人も多いでしょう。

資料に書かれた文字に対して、マーカーやペンで指したり、指差したりすることをここでは「ポインティング」と呼ぶことにします。資料の文字の向きが同じになる横並びの席と、向きが逆になる正面の席とでは、向きが逆の正面の席のほうがグループワーク中のポインティングの回数が少なくなりました（「検証7」81頁）。文字が逆さになり判別がしにくかったことでポインティングの回数が減ったと考えられます。

テーブルを囲んで話をするとき、「資料の文字の向きが、座る位置で異なることは仕方がない」とすましてしまいがちかと思います。しかし、文字が逆さになってしまう位置のメンバーは、資料を思うように読み取ることができないために、話をうまく理解できなかったり、展開にテンポよく参加できていなかったりしているかもしれません。

グループワークで考えやアイデアをまとめていく場面で、テーブルの上の資料を共有する際には、ホワイトボードシートや模造紙などに直接書き込んで文字の向きを固定してしまうのではなく、付箋や小さめの紙の資料などを準備し、文字の向きを動かしたりして、どの位置からも見えるように工夫したほうがよさそうです。

ディスカッションがメインか、資料の共有が重要か

資料を共有することによって、メンバーとの向きや視線を向ける方向は変化します。限られた部分しか見えないオンライン会議とは異なり、リアルな場でのグループワークでは、さまざまな動きをともなうインタラクション（相互作用）が起きています。そこからまた、新しいコミュニケーションにつながっていくこともあると思います。

グループワークを活性化させる席の配置はどのようなものでしょう。
→検証7（P. 81）

したがって、グループワークのコミュニケーションが活性化する環境には、メンバーの位置関係とともに、共有する資料の向きへの配慮が必要です。会話がメインとなるディスカッションに集中するなら、相手の表情がよくわかり視線を合わせやすい正面になる席、資料をしっかり共有するなら隣の席と、目的に応じてメンバーの位置や向きを工夫するとよいでしょう。

今回の実験では、対象への関心を表すものとして、ポインティングと視線を向ける行為を見てきました。位置によって共有する資料の見やすさや、視線の合わせやすさに違いが生じることは当然です。昨今では、ノートパソコン、タブレット、スマホなど複数のデバイスを持っていることも珍しくありません。共有される資料の見やすさは、そのようなデバイスによって改善できるでしょう。しかし、視線を向けるところが増えるからこそ、対象への関心を示すことを心がけなければ、相手は自分に関心をもってくれているのかと不安になるのではないでしょうか。

スマートウォッチなどによって、心拍などの生態データから集中度を計測するようなツールも出ています。自分の状況を知るうえではとてもよいツールだと思いますが、そのツールが相手の自分への関心や集中度を測るものになってしまうとこわいと感じます。そんなツールがなくても、相手とうまくコミュニケーションが取れていると感じられるような空間の工夫ができるといいですね。

|検証7|
席の配置や資料の向きが、グループワークにどう影響するか

アイデアを共有しやすい配置

4人がテーブルを囲み、机上面のホワイトボードシートに各自のアイデアやそれに対するコメントを書き出しながらアイデアを膨らませる。こうしたグループワークの様子を撮影し、その映像から、それぞれのメンバー(3組、合計12人)がシートに書かれたアイデアを指やマーカーで指し示した回数(ポインティング回数)をカウントした。

正面に座るメンバーと横に座るメンバー、それぞれの書き込みに対するポインティング回数を比較すると、横に座るメンバーの書き込みに対するポインティング回数のほうが多くなることがわかった。

視線を向けやすい配置

同様の映像から、正面に座るメンバーに視線を向けた回数[1]と、横に座るメンバーに視線を向けた回数を比較したところ、正面にいる人に向けられる視線のほうが多くなることがわかった。

実験条件

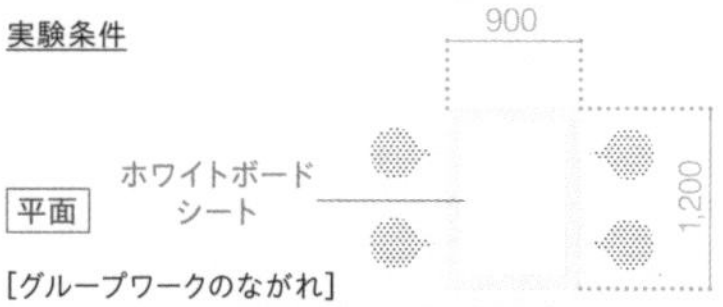

[グループワークのながれ]
1. アイデアを出す(5分)
2. アイデアを膨らませる(15分)
3. アイデアをまとめる(5分)(シートを新しいものに変更)
4. プレゼンテーションの準備(5分)
5. プレゼンテーション(5分)

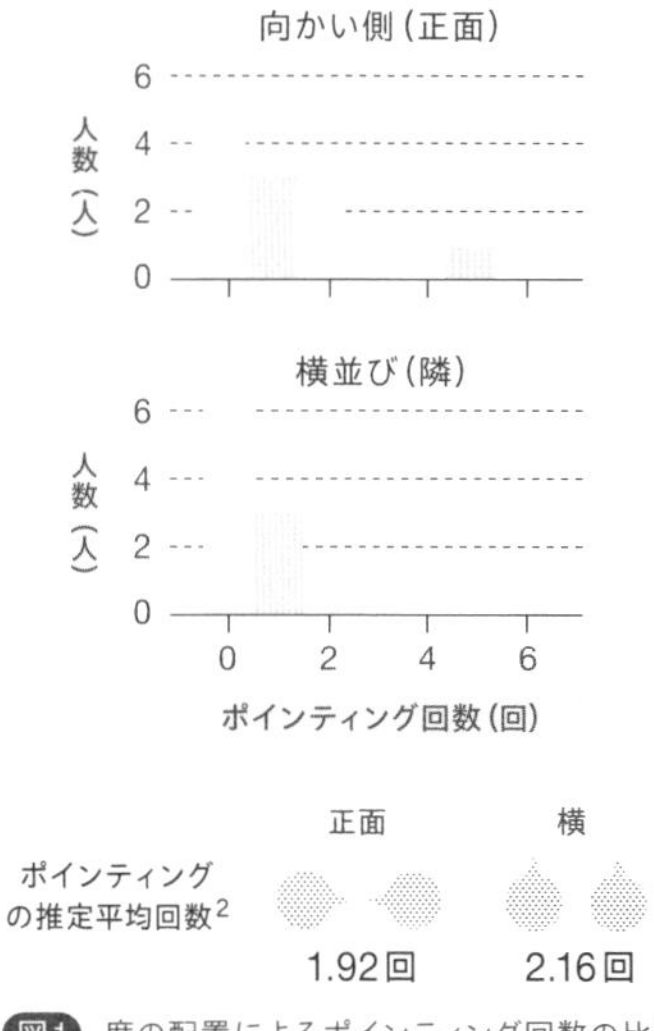

図1 席の配置によるポインティング回数の比較

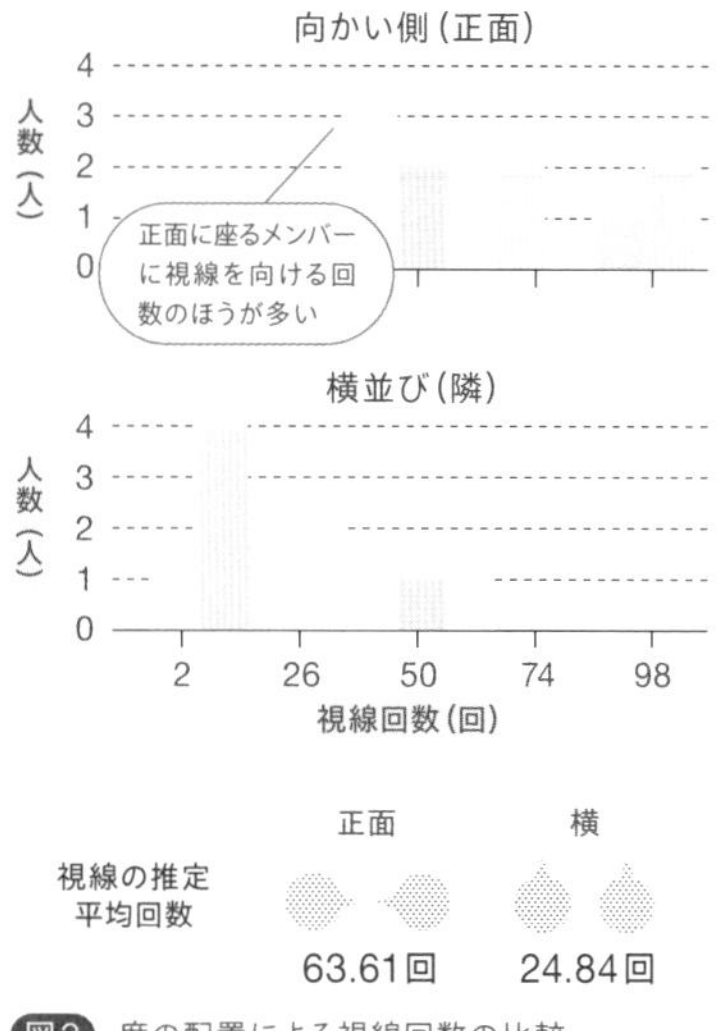

図2 席の配置による視線回数の比較

1 特定のメンバーに対する視線が2秒以上とどまっている場合、視線を向けていると解釈した。
2 統計的に予測される平均の回数(座席の位置によるポインティングと視線を向ける対象人数の違いを考慮して分析)。

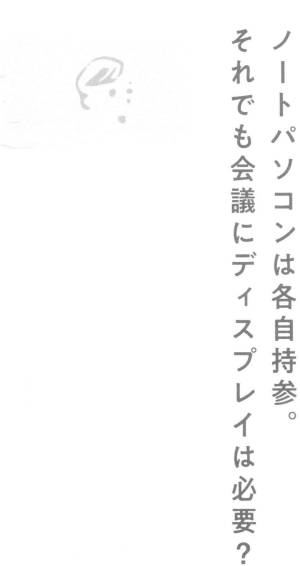

ノートパソコンは各自持参。
それでも会議にディスプレイは必要？

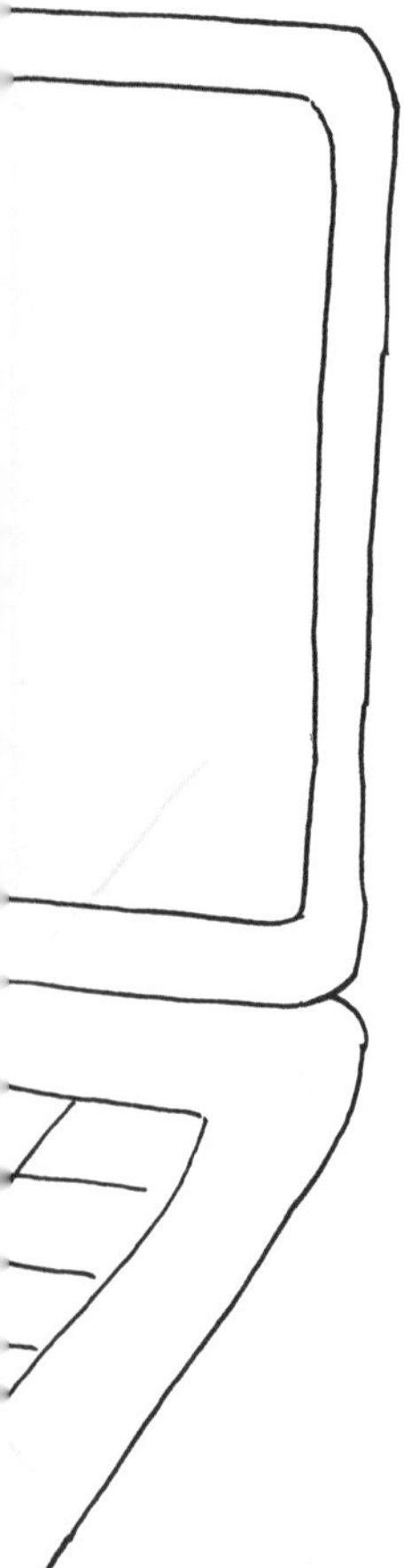

ディスプレイの役割は情報共有だけではありません。
リアルな場ならではのコミュニケーションを
誘発するツールにもなります。

ディスプレイは会議の演出？

出社とリモートを選択して働くハイブリッドワークの広がりによって、リアルとオンラインが共存する会議が増えています。オンラインで会議に参加しているメンバーもいれば、リアルに集っているメンバーもいる。リアルの場には情報を共有するためのディスプレイにオンライン会議画面が投影され、さらに各自手元のノートパソコンからもオンライン会議に参加するといった状況は、いまや日常的な風景です。それぞれが自分のノートパソコンを持参しているにもかかわらず、リアルに集う場にディスプレイを用意することには、どのような意味があるのでしょうか。

あなたが会議のホストの際、どのような会議室を予約していますか？　参加するメンバーが皆自分のノートパソコンを持参するとわかっていても、資料を共有する可能性があると思うときにはできるだけディスプレイのある部屋を予約するようにしているのではないでしょうか。

特に、初めて会う人や、あまり知らない人との会議ではメンバーが見やすいように、ディスプレイの位置も考えて会議室を選んでいると思います。逆に、よく知ったメンバーであったり、2～3人の少人数だったりする会議では、わざわざディスプレイは使わなくてもいいと考え、ディスプレイがあってもそれぞれ自分のパソコンで資料を確認するようにうながす場合もあるでしょう。

それでは、資料は各自のノートパソコンで確認できるにもかかわらず、ディスプレイを使うのは何のためでしょうか。会議に参加しているメンバーに、進行中の資料をわかりやすく、間違いがないように示すためでしょうか。もしくは大きく表示して注意を集めるためなのでしょうか。

メンバーが会議室に集まっているのに、皆の視線はずっと自身のノートパソコンにしか向かっていないというのも変な感じがします。顔を上げてディスプレイを見ているほうが、そのときの議論に参加している姿勢が伝わるように感じます。ずっと自身のパソコンを見ているばかりでは、本当に会議に参加をしているのだろうか、会議には関係のない仕事の対応をしているのでは……と思われるかもしれません。

ディスプレイを見るときに視線が交わる

ディスプレイの配置について考えてみましょう。長方形のテーブルを囲んで会議のメンバーが座っているとき、ディスプレイは長方形のいずれかの一辺に配置され、ディスプレイを見るときには首や体を横にしてみる必要があります（87・89頁上）。会議室ではなかなか見かけないレイアウトですが、ディスプレイの正面

になる配置だと、皆がディスプレイを見やすくなります（89頁下）。

このディスプレイの配置の違いは、ディスプレイで共有している資料の見えやすさの違いだけではなく、実は、メンバー同士の視線によるコミュニケーションにも影響を与えています。

情報共有という観点から見れば、わざわざ見ようとしなくては見られない位置にあるディスプレイは、ただ見にくいと感じるだけではありません。手元のタブレットでも情報を見られる状況では、ディスプレイで同じ情報が表示されているほうが、表示されていないよりも、共有されている情報が見にくいと感じていました（「検証8」図1、91頁）。

一方で、リアルに集うメンバーがディスプレイを共有する際に、見にくい位置にあったとしてもメンバーが向かい合って座っていると、首や体を動かしてディスプレイに顔を向けるという行為に合わせて、メンバーに視線を向ける回数が多くなることがわかりました。ディスプレイの情報を共有するという役割は十分でなくても、リアルな場ならではの、視線を交わすというコミュニケーションへの効果があるのです（「検証8」図2、91頁）。

例えば、共有する資料についてはあらかじめメンバーが理解しており、その資料についてのディスカッションをしたいというときには、ディスプレイでの情報

ディスプレイの位置が、グループワークにどう影響するのでしょうか。
→検証8（P.91）

共有をすることの重要性はさほど高くありません。それよりも互いに発言がしやすく、ディスカッションが盛り上がることのほうが重要です。そのようなときには、メンバーが互いに向かい合い、ディスプレイを見るために首や体を動かす必要があったとしても共有ディスプレイを配置することは効果的です。前述のとおり、メンバーに視線を向ける回数が多くなり、コミュニケーションのとりやすさにつながると考えられるからです。

ディスプレイがメンバーの正面になるレイアウトで実験を行ったところ、ディスプレイの有無によって、メンバーが手元のタブレット端末で書き込んだものの見やすさやメンバーに向ける視線の時間に差は見出せませんでした（「検証8」図3・4、91頁）。このように、ディスプレイを機能させるためには、そのシーンで求められているディスプレイの役割を考慮して配置をすることが大切です。

さて、前述の問いに戻ると、会議で皆が自分のパソコンを持って来ていても、共有ディスプレイを準備することには意味があります。リアルな会議室では、ディスプレイを見る行為とともに、視線によるコミュニケーションが生まれ、発言のしやすさにつながっているといえそうです。共有ディスプレイは情報共有だけでなく、リアルな場ならではの、コミュニケーションを誘発するツールになっているのです。

|検証 8|

ディスプレイの位置が、グループワークにどう影響するか

見やすさと相手に送る視線の関係

グループワーク[1]を行う4人それぞれ、手元のタブレット端末で情報共有できる状況で、ディスプレイを用意する。ディスプレイの有無や配置が、グループワークにどのように影響するか検証した。アイデア出しからプレゼンテーションにいたる、グループワークの様子を撮影し、各メンバーが他のメンバーに視線を向けた回数[2]・時間をカウント。また、グループワーク後、実験参加者に、「他のメンバーの書き込みの見やすさ」をたずねた。

ディスプレイを横に配置する場合、ディスプレイを使用するほうが、他のメンバーに視線を向ける回数が多いことがわかった。ディスプレイを正面に配置する場合、他のメンバーに視線を向ける時間、書き込みの見やすさともに、ディスプレイの有無による差はなかった。

1. ディスプレイを横に配置

実験条件

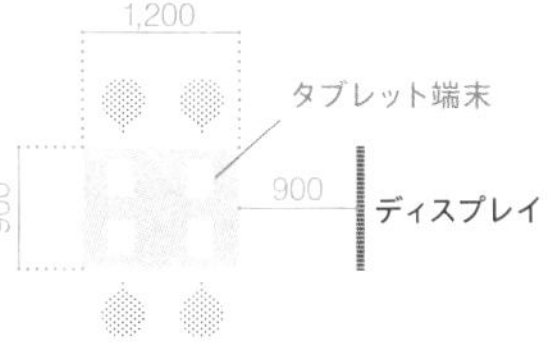

1,2とも、4人1組のグループワークを3回実施。実験参加者は12人

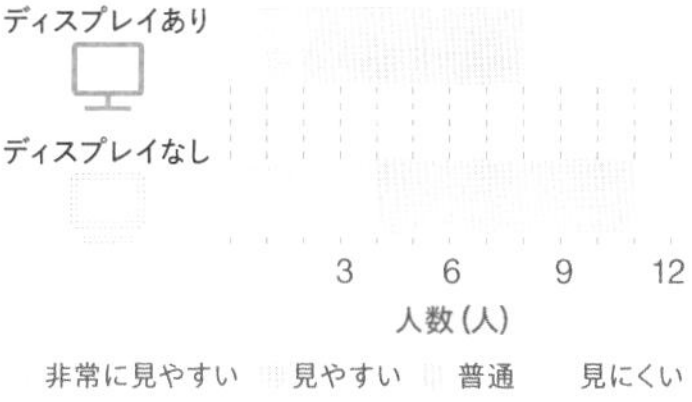

図1 他のメンバーの書き込みの見やすさ

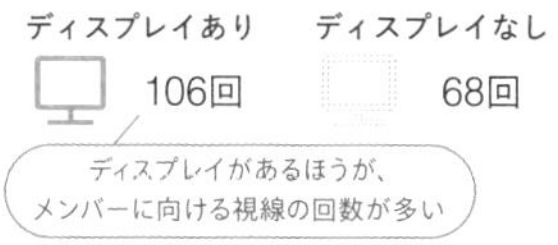

図2 メンバーに向ける視線の推定平均回数[3]

2. ディスプレイを正面に配置

実験条件

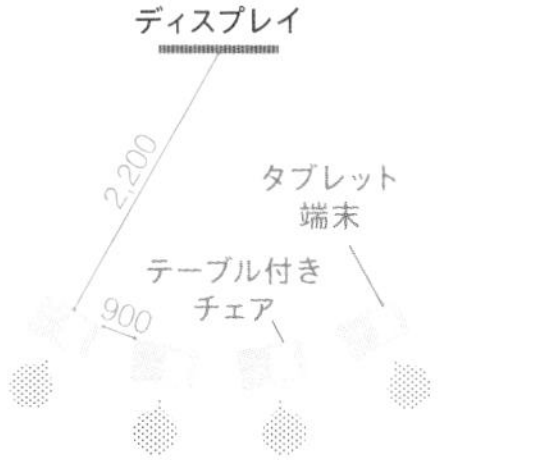

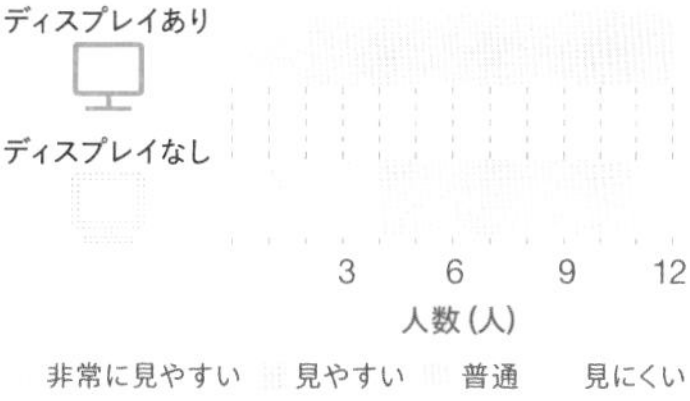

図3 他のメンバーの書き込みの見やすさ

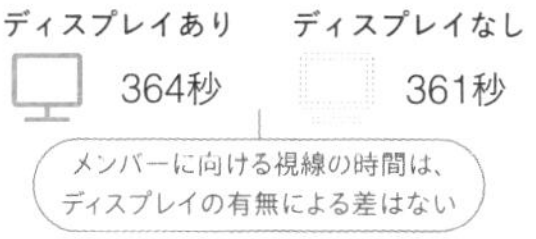

図4 メンバーに向ける視線の推定平均時間[4]

1 グループワークのながれは「検証7」(P. 81)と同じ。
2 特定のメンバーに対する視線が2秒以上とどまっている場合、視線を向けていると解釈した。
3 統計的に予測される平均の回数(座席の位置による視線を向ける対象人数の違いを考慮して分析)。
4 統計的に予測される平均の時間。

接触

自分の身体や家具への接触に着目します。2人で立ち話をするシーンにおいて、テーブルの高さと大きさは、私たちの身体動作にどのような影響を及ぼしているのでしょうか。テーブルの存在によるコミュニケーションへの影響を踏まえ、家具のあり方から集う場のデザインを考えます。

会話中の動きは、
私たちのどんな意識を表している?

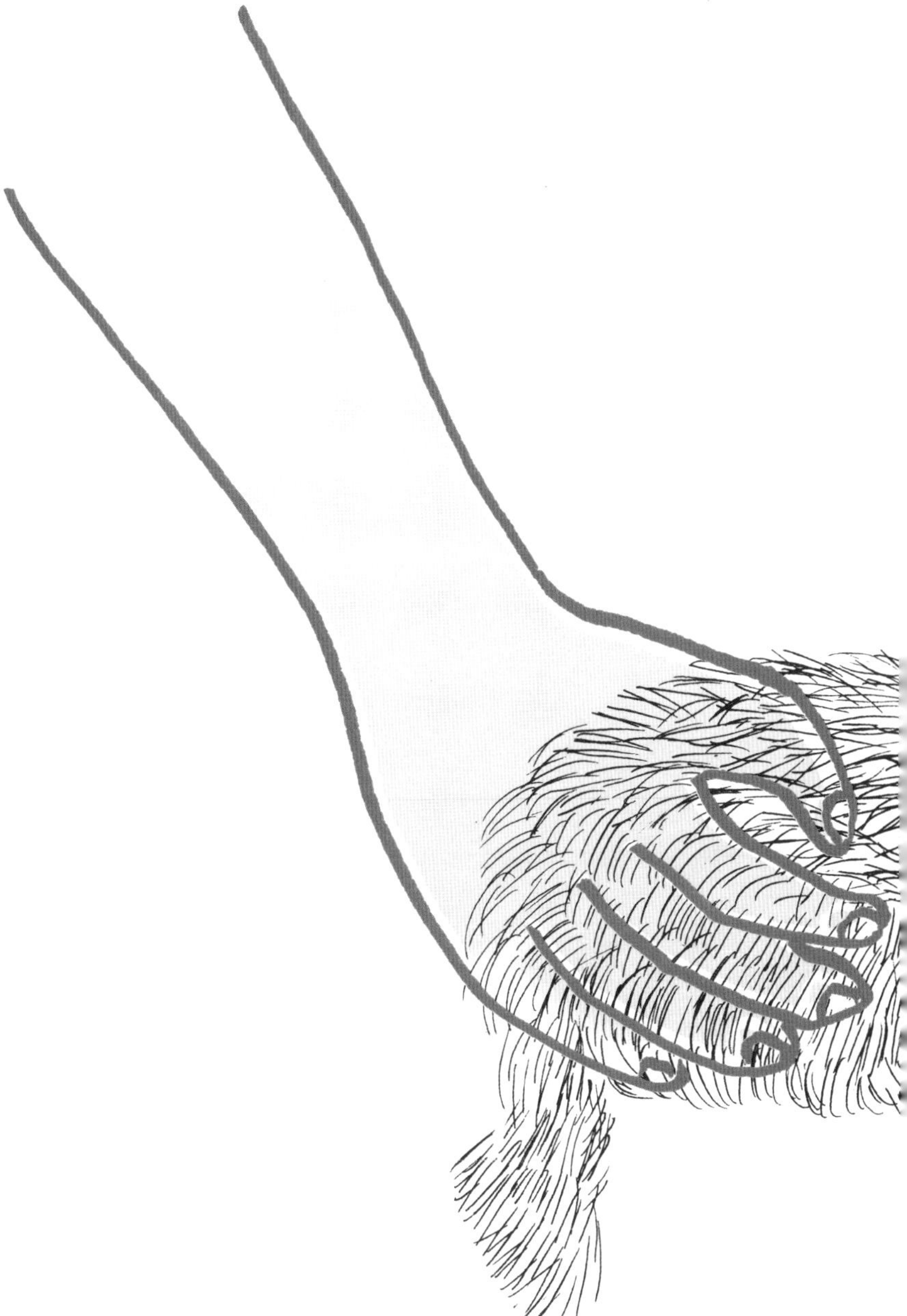

パーソナルスペースに侵入されると、私たちは不安を感じます。
周囲の環境や相手の動きに応答しながら、
居心地のよさを得ようとするのです。

意図しないコミュニケーションが果たす役割

リモートでさまざまなコミュニケーションをとることが多くなりましたが、リモートよりも対面での会話を苦手と感じる人も増えているようです。周囲に同僚がいないリモートの環境では、知っている人に見られているかもしれない、話しかけられるかもしれないといったことは気にしなくてよいため、安心してリラックスした気分で集中でき、仕事を進めることができると感じている人は多いと思います。一方で、ちょっとしたことを聞いたり、たまたま会って話したりすることがなくなるので、一緒に働くメンバーの様子がわからず、コミュニケーションが十分に取れていないと感じる状況も起きています。

ワーカー同士でのやりとりが必要な作業、1人で集中して行う作業など、仕事にはさまざまなシーンがあります。仕事の内容や目的に合わせて働く場所を選択する働き方であるABW(Activity Based Working)も広く知られるようになりました。ABWは、そのときの作業に合った場所を選べるという効率性の観点だけではなく、場所を移動することで、これまで限られた人としかオフィスの中で出会わなかった状況が変わり、普段は接点のない人と触れ合う機会が持てるので、コミュニケーションの観点からも大切な意味を持ちます。

かつては、休憩中の「喫煙ルーム」や、お茶くみでの「給湯室」といった場所

で同僚と気軽に交わす会話のなかで、実は大事な相談や必要な根回しなど、よいつながりがつくれていた、という話を聞きます。

オフィスの中で、そのような意図しないコミュニケーションが生まれる場は、どのようにしたらつくれるのでしょうか。空間に「コミュニケーションスペース」「リフレッシュスペース」と名前を付けただけでは、なかなか期待するようなコミュニケーションは起こりません。どのような空間であると自然に会話がしやすいと感じるのでしょう。

行為と気持ちは関係している

コロナ禍での長いマスク生活のあとでは、マスクを外すことに不安を感じる人がいるように、画面越しの会話で物理的な接近がないことに慣れてしまって、対面での会話は苦手だ、リモートでの会話のほうが安心できる、と感じている人もいると思います。知っている人が相手であっても、互いの物理的な距離があまりにも近すぎると、私たちは違和感を感じます。距離の感じ方には個人差がありますし相手との関係性にもよりますが、私たちは、他者にそれ以上近づかれると不快になり不安に感じる「パーソナルスペース」と呼ばれる心理的な空間を持っています。対面での会話が苦手と感じるのは、人が自分のパーソナルスペースに侵入してくることに対して抵抗感があるため、不安を感じてしまうことも理由として考えられます。パーソナルスペースが侵されることに対する不安は、どのように体の動きに表れるのでしょうか。

試合や試験、プレゼンテーションなどの本番でいつもの力を発揮できるように、自分なりのルーティーンを持っている人もいるでしょう。いつもの動作やしぐさを行うことで、私たちは気持ちを落ち着かせたり切り替えをしたりすることができ、行為によって気持ちが変わるということを日常のなかで経験しています。行為と気持ちは、意識的にも無意識的にも関係し合っているのです。

体を傾けてパーソナルスペースを確保

自分の体に触れる行為、目の前にあるテーブルへの触れ方といった観点で、立った姿勢で向い合う二者間の会話の様子を観察していると、会話者はさまざまに姿勢を変化させていることがわかります。どんな理由でその姿勢は変化するのでしょうか。

上半身の前後への動きに注目してみます（「検証9」104頁）。まず、テーブルがなく相手との距離が60cmと近い状況では、体を不安定に動かしていることがわかりました（同図2）。これはパーソナルスペースへの侵入をより強く感じているからだと考えられます。相手との距離があまりにも近いと体の動きが不安定になり、無意識のうちに体を動かして適応しようと調整するのです。

相手も含めた二者の体の動かし方にも特徴が見られました。相手との距離が60cmと近い状況では、120cmのときと比べて、お互いの体を動かす方向がそろいません（「検証9」図4、

立ち話をする2人の体はどのように動くのでしょうか。
→検証9（P.104）

105頁）。つまり、相手とともに近づいたり、のけぞったりと、二者が同じ動きはしないのです。

　距離が近い状況でパーソナルスペースが侵されると、相手が前傾したら、自分は後傾するというように、パーソナルスペースを守るための調整が行われていました。このような行動は、相手との距離が近すぎると感じたときに私たちもそこから少し後ずさりして距離をとるなど、日常的にも無意識にしていることではないでしょうか。

リラックスした会話のためにハイテーブルを活用

　2人の間にテーブルがない場合は、高いテーブルがあるときに比べて、姿勢が安定しません。テーブルがないとパーソナルスペースに侵入される可能性が高まるため、不安感からパーソナルスペースをこまめに調整しようとして、前傾したり後傾したりと、さまざまな動きをするのです。

　逆にテーブルがあると、パーソナルスペースが確保され相手との距離が保ちやすく、さらに高いテーブルがあることでより安定した姿勢が保たれることがわかりました。立って会話をする際にテーブルがあることは、会話をするうえでリラックスした状態をつくりだす手助けになると考えられます。上司と立って話をする際、緊張する人は少なくないと思います。そんなときは、何もない場所よりもテーブルがあるところで話をしたほうが、余計な緊張を感じずに落ち着いて話ができそうです。ハイテーブルをオフィスの中でぜひ活用してみてください。

前述の通り、オフィスの中で意図しないコミュニケーションを生むために、たまたま会える場所を増やすことも大切です。そのために、会議室、コピー機や文房具コーナー、共同で使える作業テーブル、郵便物が届くメールボックス、自由にコーヒーを飲むことができるカフェカウンターなど、ワーカーが多く利用するこのような機能空間を、意図しないコミュニケーションが起き得る大切な場所ととらえて、オフィス空間のどの位置にレイアウトをするのがいいのか、工夫をしてみてください。そして、さらにそこで話がしやすいように、ソファやカウンターで囲われていたり、掲示板や本棚が置かれていたりするなど、滞在しやすいような空間の工夫によって、コミュニケーションの起こり方が変わってくるはずです。

|検証9|
会話中の姿勢はどのように変化するか

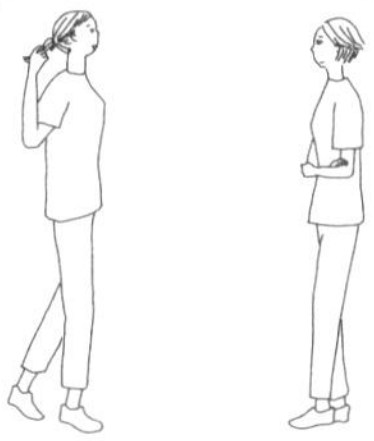

1. 上体が前後に動く角度の変化

立った姿勢で向かい合う2人の間に天板の大きさや高さの異なるテーブルを置き、2分間の会話の中で、上半身がどのように動くのかを観察した。

15組30人の会話を分析したところ、テーブルがなく、二者間の距離が近いと(600mm)、上体を前後に動かす上体角度の変化量(図1)の平均値が大きく(図2)、姿勢が不安定になることがわかった。

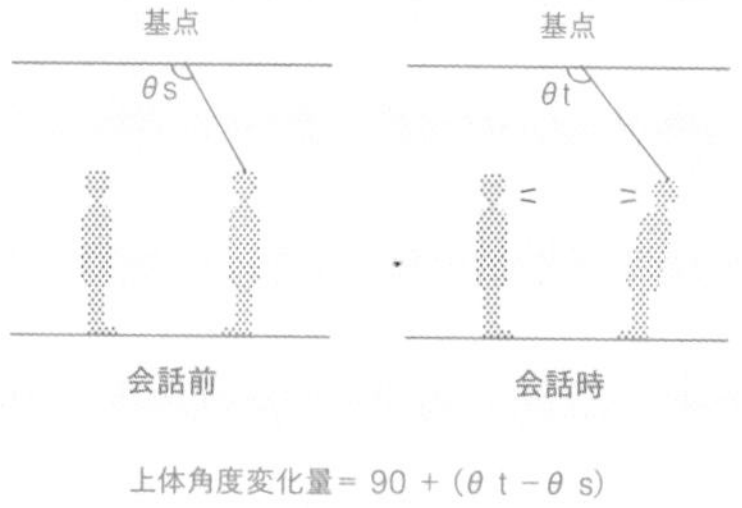

図1 上体角度の算出方法

実験条件

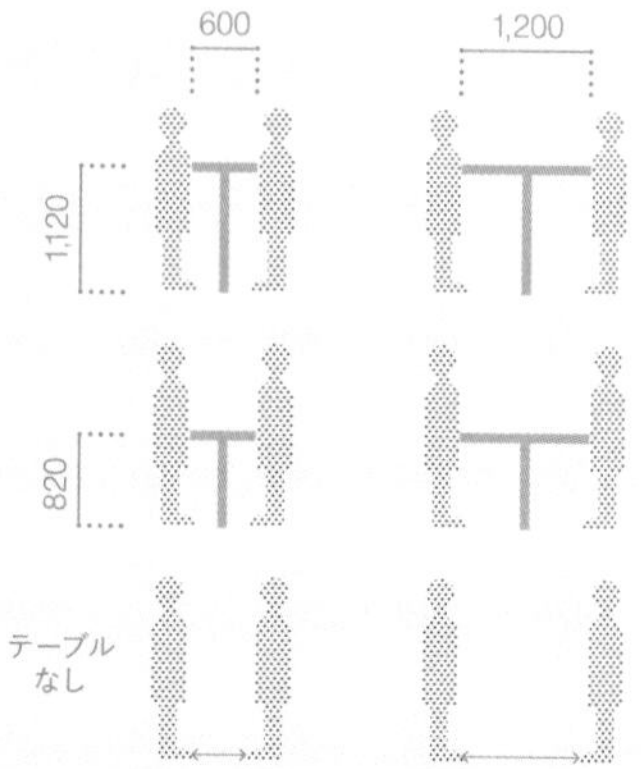

テーブル天板の大きさ(二者間の距離/mm):W=600、1,200
テーブル高さ(mm):H=820、1,120
テーブルのない状態も含め、合計6条件で2分間会話を行い、体の動きを録画。実験参加者の17組からデータの欠損がなかった15組30名の会話中の上体角度の変化量を計測

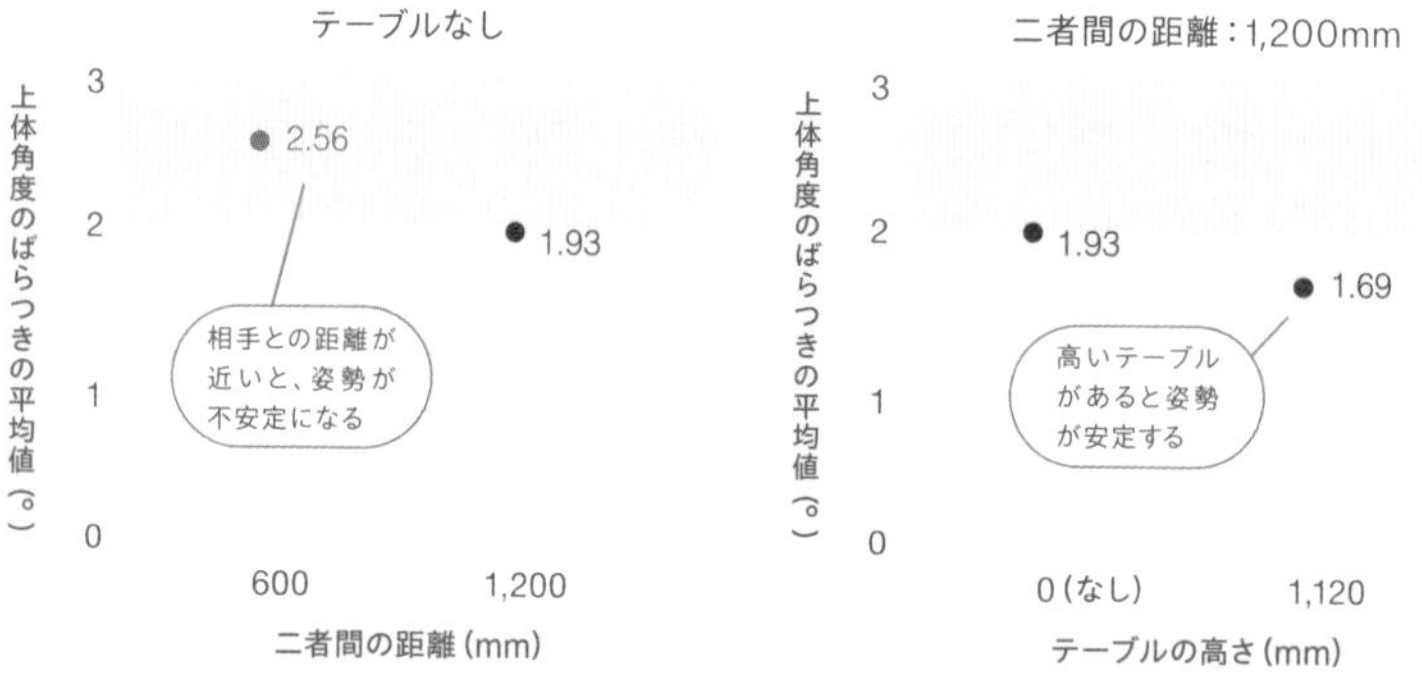

図2 上体が動く角度のばらつきの平均値

2. 向き合う2人の動き

1と同じ条件で会話をする2人の動きが、どのように呼応するのかを観察した。2人が前後に動く上体の相対角度（図3）のばらつきの平均値は、二者間の距離が近い（600mm）ほうが距離が遠い（1,200mm）場合に比べて大きくなり（図4）、二者の上体は不安定で、相手との距離感の調整がしにくいことがわかる。

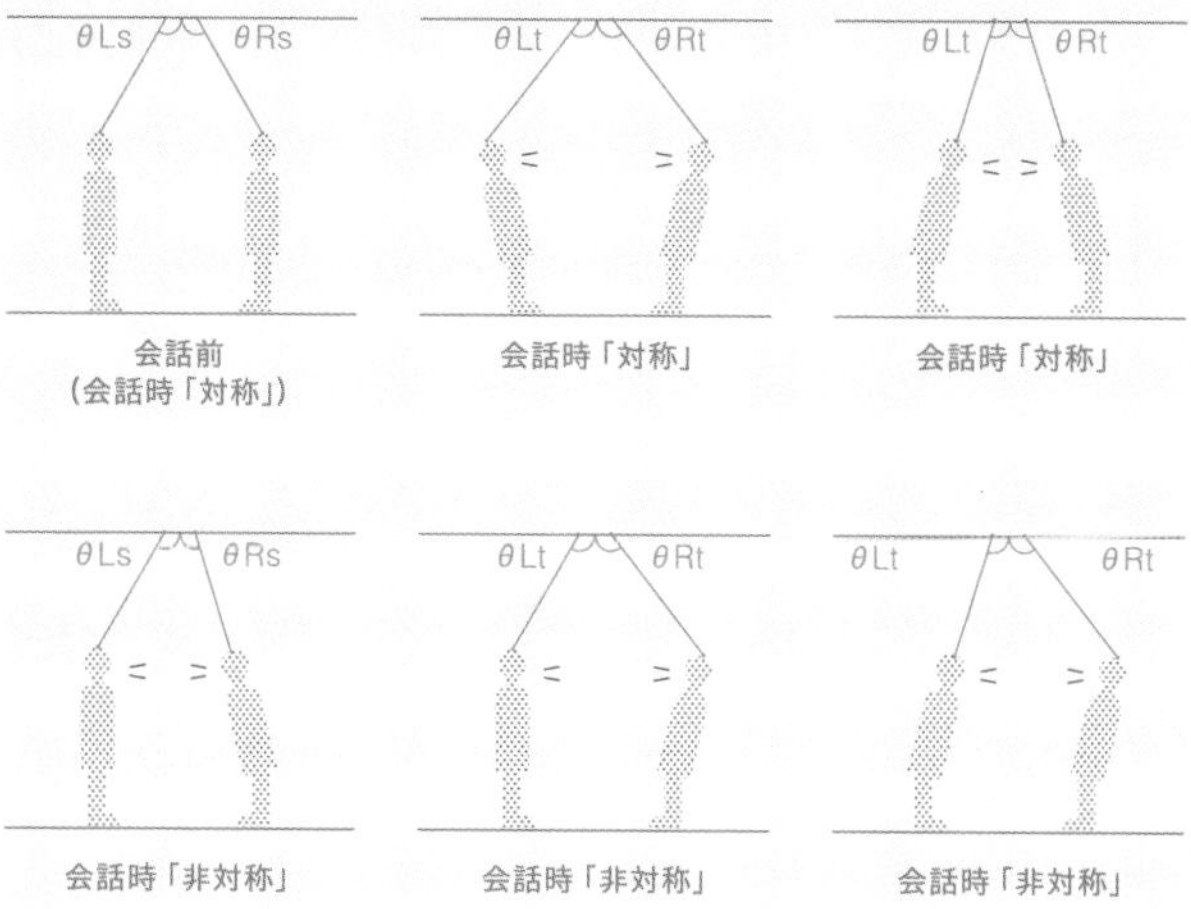

図3 相対角度の測定方法

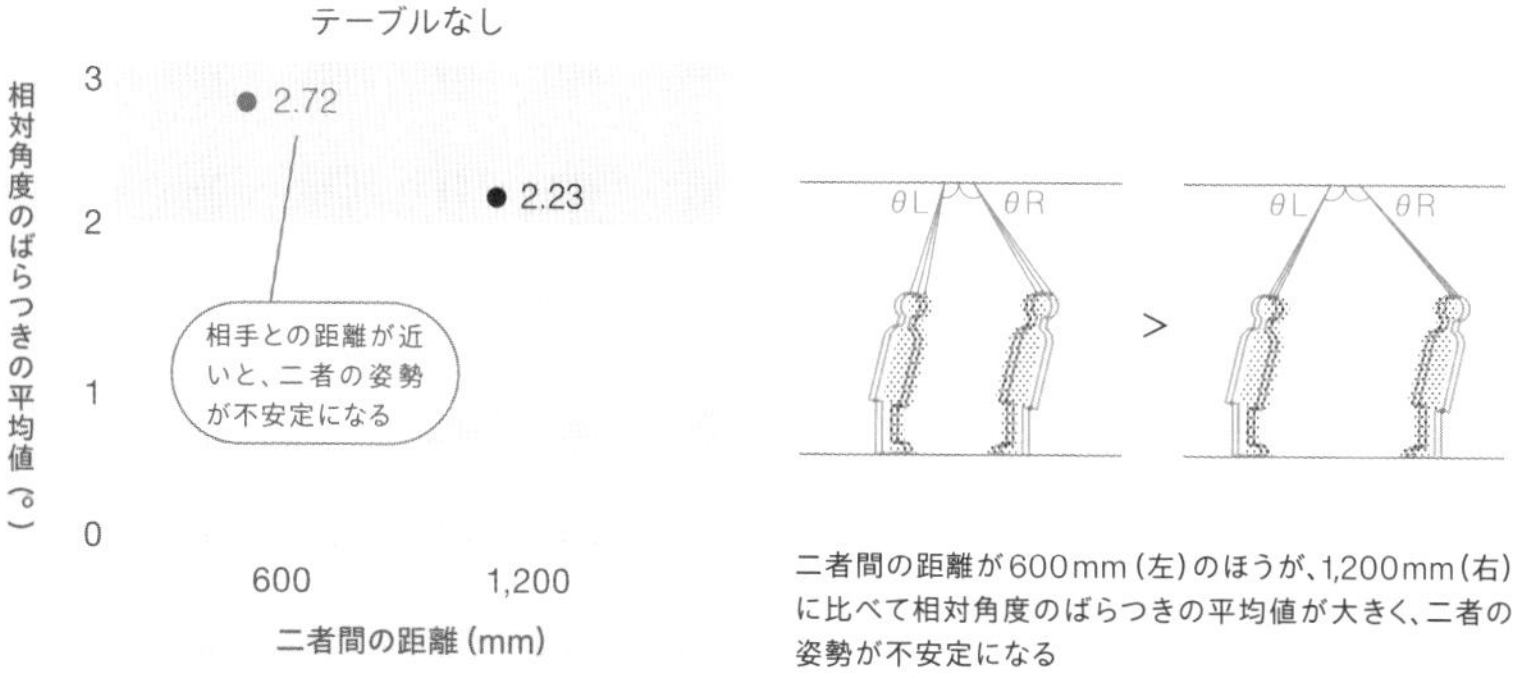

二者間の距離が600mm（左）のほうが、1,200mm（右）に比べて相対角度のばらつきの平均値が大きく、二者の姿勢が不安定になる

図4 上体が動く二者の相対角度のばらつきの平均値

立ち話の最中、
どこかに触れたくなるのはなぜ？

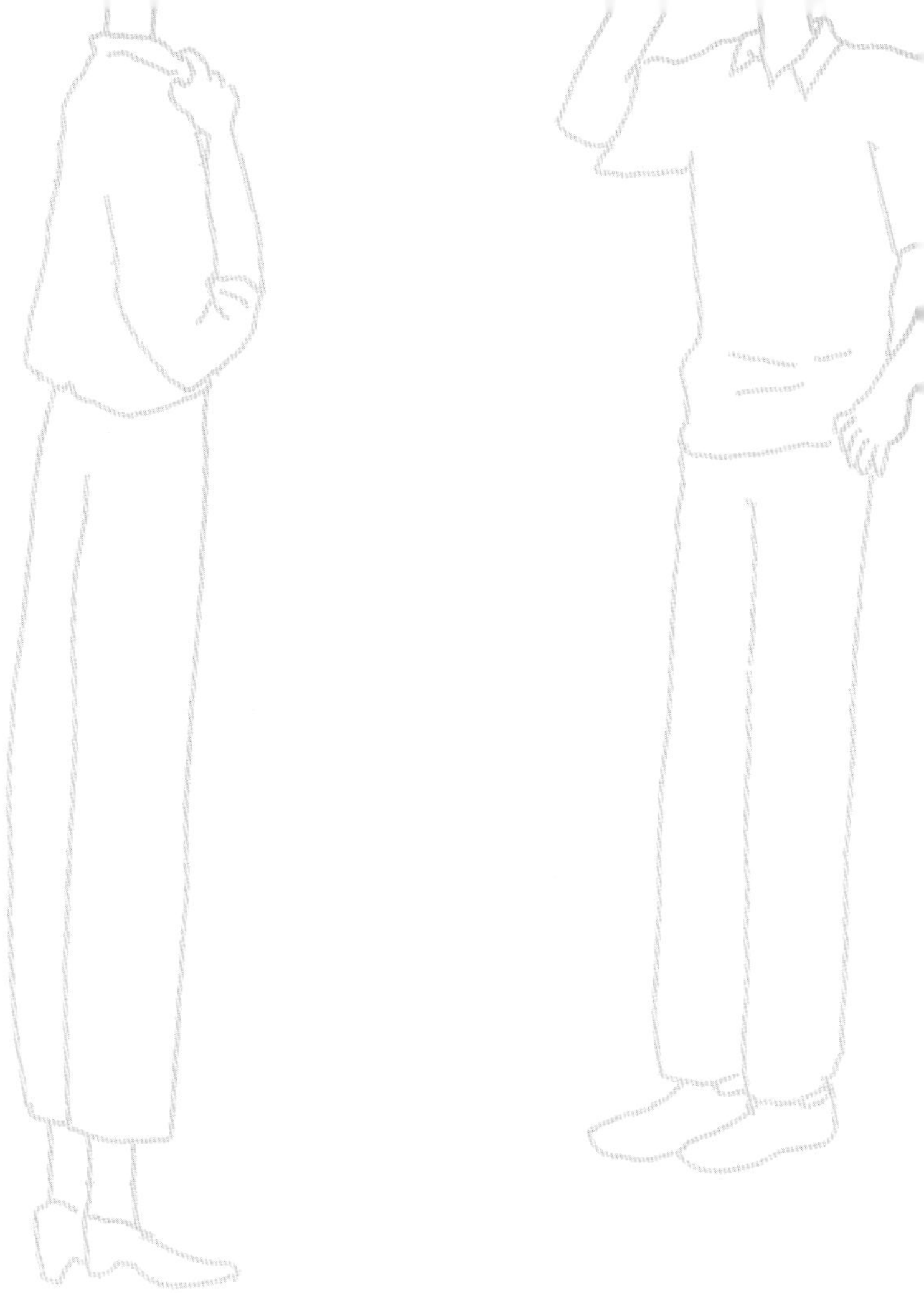

無意識に動く手の軌跡は、
会話をする環境への適応や相手に対する関心を表しています。

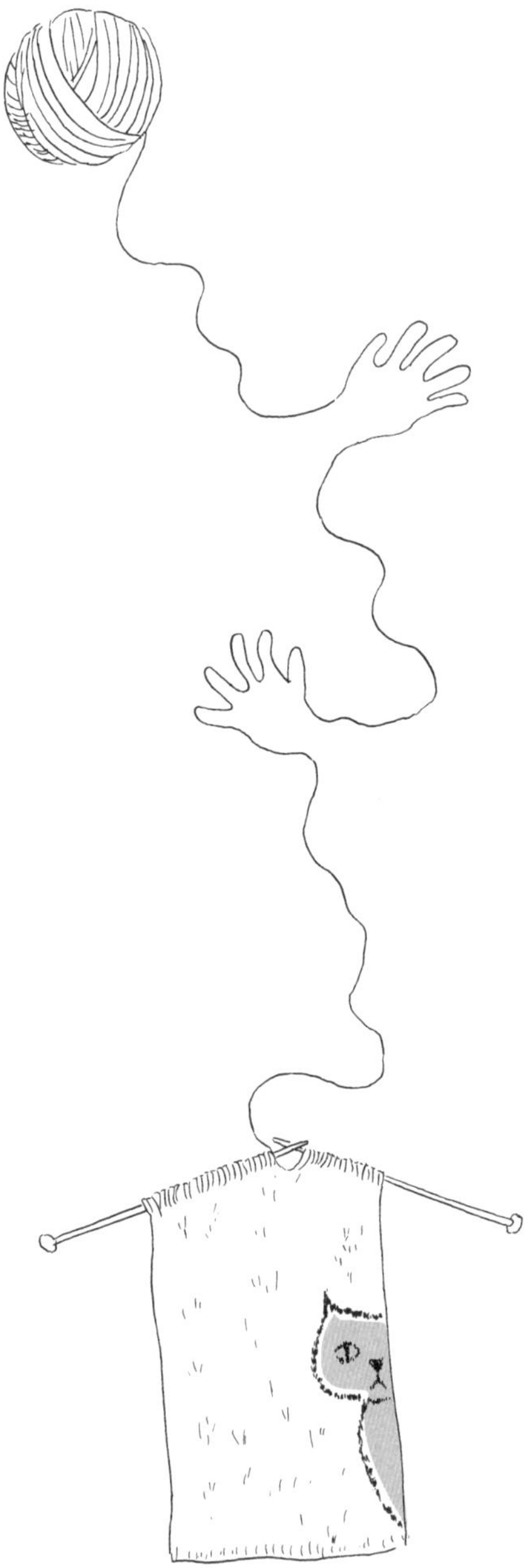

無意識のうちに表出する行動

私たちは緊張したり不安を感じたりするとき、知らず知らずのうちに腕組みをしたり、自分の顔や髪などの体や、衣服の一部を触ったりしています。このような自己に触れる行動を、心理学の分野では「自己接触行動」と呼び、自分に触れることは不安やストレスを軽減させるといいます。

緊張や不安を感じる状況といえば、大勢の人の前で発表をしたり、大事な資格試験を受けたりといった特別な出来事を思い浮かべますが、日常の中でも、初対面の人や取引先や上司と会話をするなど、緊張しがちなシチュエーションはよくあるでしょう。ここではパーソナルスペースに着目して、会話をするときの環境と自分やテーブルに触れる行動との関係を見ていきたいと思います。

テーブルに接触する3つの理由

2人で会話をしていて、2人の間にテーブルがある場合、その大きさと高さの違いによって、自分に触れる行動がどのように変化をするのか検証してみました(「検証10-1」116頁)。

まず、テーブルがあると、テーブルがないときより、自分に触れている時間は短くなりました(同図1)。これは、テーブルがあることで、相手がそれ以上は近

づくことができないので、パーソナルスペースが確保されて不安を感じずにすむため、自分に触れる行為が起きにくかったと考えられます。テーブルがありそこに接触することが、自分に触れる行為の代わりになっていたということです。このことがテーブルに接触する一つ目の理由として考えられます。

自分に触れる回数については、テーブルが低いより高いほうが少なくなりました。これは、自分に触れる回数にはテーブルの存在だけではなく、テーブルの高さが影響していることを示しています。テーブルが高いと、天板に接触する時間も長くなりました（「検証10-1」図2、116頁）。接触する二つ目の理由として考えられるのが、テーブルが高いと物理的に触りやすく、天板に接触することで体を安定させやすかったということです。

私たちは集まって会話をするときに、個人の体の前に広がった空間（操作領

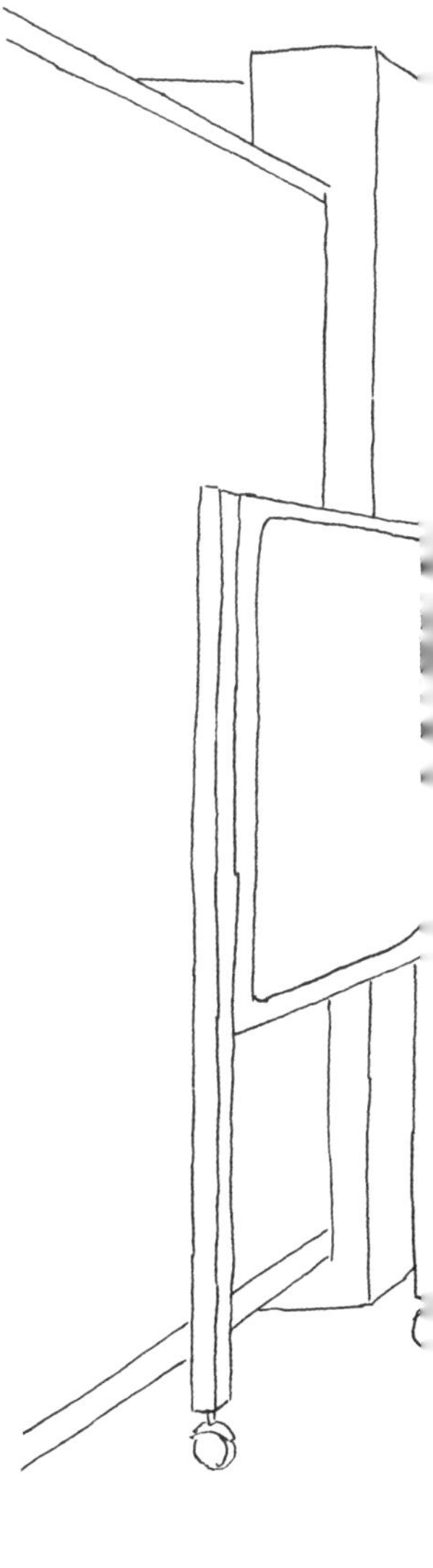

域）を重ね合わせて円を囲むような空間をつくり、その形を相互に維持しながら会話をしようとします[1]。そうすることで、互いへの関心を示していることが知られています。テーブルが高いと「操作領域」が侵害され、会話をする二者間で互いへの関心を共有できなくなるのです。三つ目の理由として考えられることは、操作領域を重ね合わせる代わりにテーブルの天板に接触することで、会話をする相手への関心を示しているということです。

テーブルはものを置く、作業をするといった機能を持つだけではなく、相手とのコミュニケーションにおいて、自身の反応や相手への関心といった心理的な側面へも影響を及ぼしていることがわかりました。このような観点を持つと、あそこにテーブルを置いてみようかと思い当たる場所があるのではないでしょうか。

立ち話をする2人の手はどのように動くのでしょうか。
→ 検証10-1（P. 116）

テーブルへの接触の仕方で、距離感を調整

今度は、テーブルに触れる場所に着目していきたいと思います。

テーブルの天板の大きさと高さによって、テーブルに接触したときの手の位置を観察しました。テーブルに触れている手の先が、会話をしている人のテーブルの端からどれくらいの距離にあるかを計測しています（「検証10-2」117頁）。

まずはテーブルの高さの違いについて見ていきましょう。テーブルに触れる手の位置は、テーブルが高いほうが低い場合よりも、立っているところからテーブルの奥のほうになりました。これは、テーブルが高いほうが物理的に接触しやすいことが理由だと考えられます。

次に、テーブルの大きさの違いについて見ていきましょう。テーブルに触れる手の位置は、テーブルが大きいほうが小さい場合よりも、立ってい

テーブルを挟んで立ち話をするとき、
テーブルに触れるのはなぜでしょう。
→検証10-2（P. 117）

るところからテーブルの奥のほうになっていました。テーブルの奥のほうに接触することで相手との距離を縮めようとしていたと考えられます。

テーブルに並べられた椅子にそのまま座ったところ、相手との距離が遠すぎると感じたり、近すぎると感じたりして、椅子の位置を調整することがあります。自分がちょうどいいと感じる距離にテーブルや椅子を動かして調整するような行為を、私たちはコミュニケーションをとる相手に対して行っているのです。たとえば、秘密の話を打ち明けられるときには相手にぐっと近く寄ったり、小さなテーブルで慣れない相手と面談するときにはテーブルから椅子を離して相手との距離を少し大きくする、というふうに。

環境の違いに応じて無意識にしている行為について、会話をする相手との間にあるテーブルの天板の大きさや高さを変える実験を通して見てきました。相手と遠すぎる、近すぎると感じるときには、テーブルに接触する時間や接触する手の位置を調整することで、話しやすくなるようにしていることがわかりました。環境に適応するため、私たちは無意識のうちに身体的な調整を行っているのです。

オフィスの中で、隣のグループとは空間を仕切りたいけれど、同時にグループを越えてのコミュニケーションをとることも大事だ、と考えているとします。壁で仕切ってしまえば、隣のグループとのコミュニケーションをとることは難しくなってしまいます。

そんなときは、グループ間をカウンターの高さくらいの収納などで仕切ってはどうでしょうか。少し奥行きがあっても、テーブル代わりに手をのせたり、身体をあずけたりしながら会話ができ、それでいて自分たちのグループの領域感も保つことができます。もしかするとそのカウンターは、身近なコミュニケーションがとりやすい場所になるかもしれません。

註

1 Kendon, A., "Spatial Organization in Social Encounters: the F-formation System," *Conducting Interaction Patterns of Behavior in Focused Encounter,* 1990.

|検証 10|

立ち話の最中、両手はどこに触れているか

1. 身体を触る回数と時間

立った姿勢で向き合う2人の間に、天板の大きさや高さの異なるテーブルを置き、2分間の会話のなかで両手がどのように動くのかを観察した。

10組20人の会話を分析したところ、テーブルがない場合、自分に触れる（自己接触行動）時間が長くなることがわかった。また、高いテーブルがあるとテーブルに触れる時間が長くなり、自己接触回数が少なくなることがわかった。

テーブル天板の大きさ（二者間の距離／mm）：W=600、1,200
テーブル高さ（mm）：H=820、1,120
テーブルのない状態も含め、合計6条件で2分間会話を行い、両手の動きを録画。実験参加者の17組からランダムに選出した10組20人の会話中の動きを分析し、自己接触回数と接触時間、および天板接触回数と接触時間を動画解析ソフトで1組ごと2名の合算として算出

実験条件

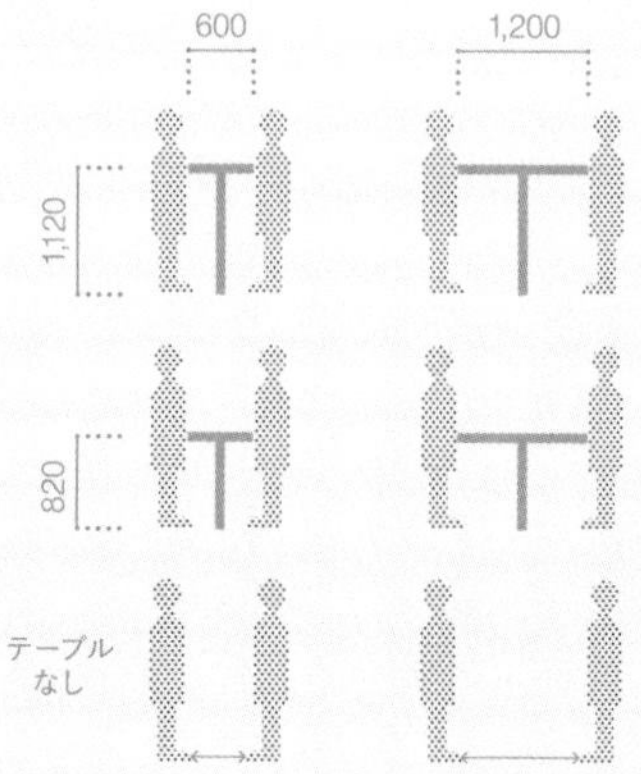

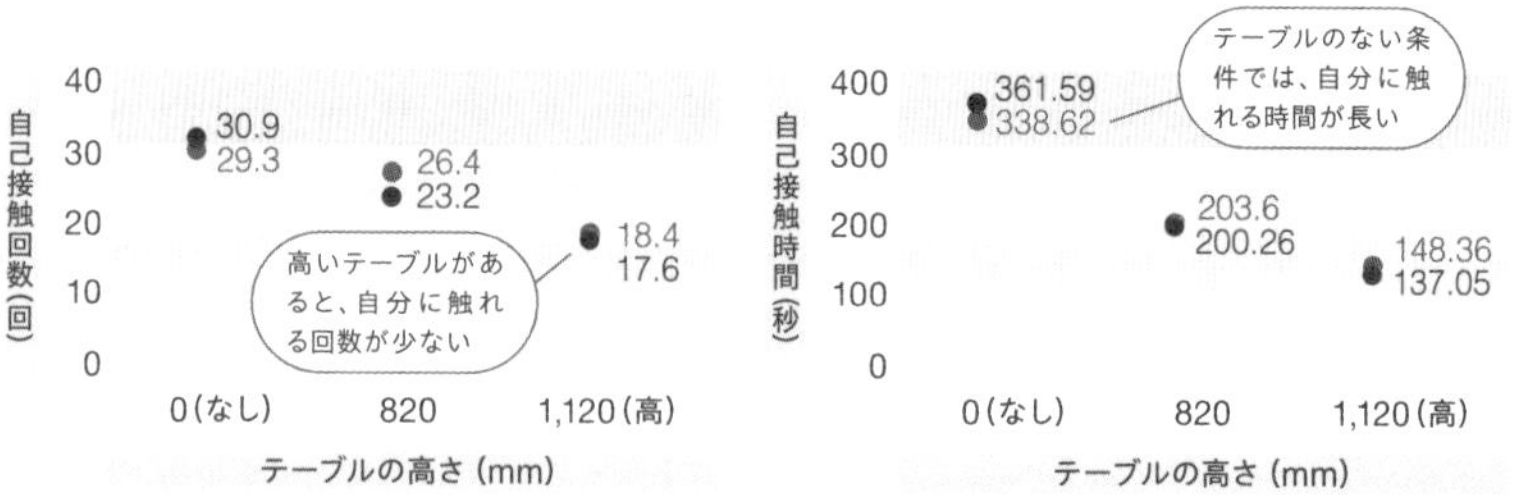

図1 テーブルの大きさ・高さの違いによる自己接触回数と時間

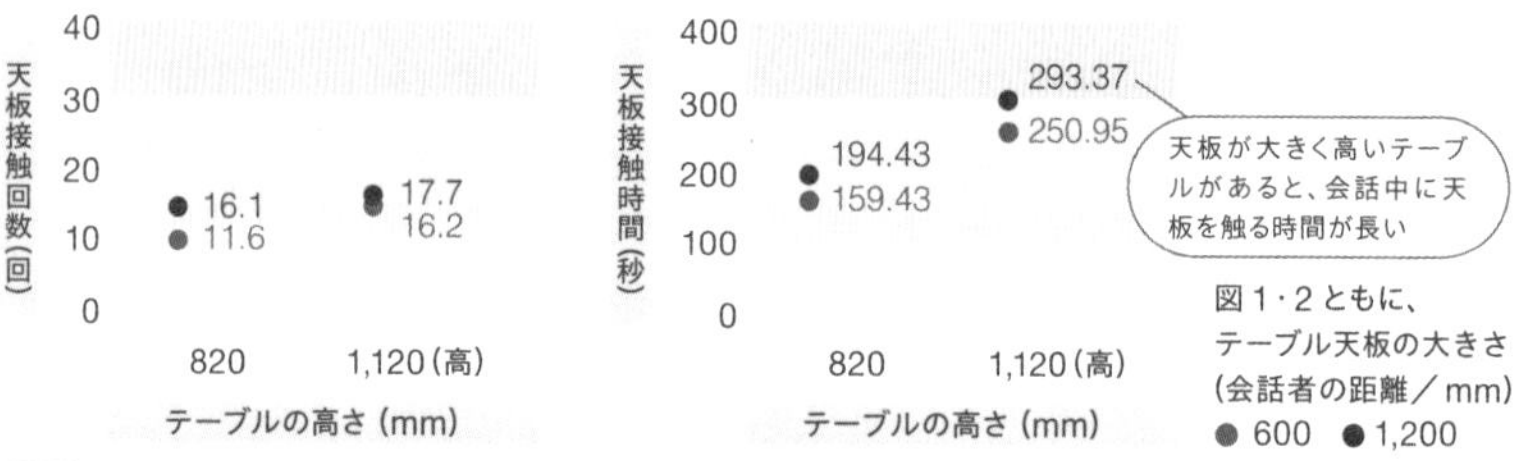

図2 テーブルの大きさ・高さの違いによる天板接触回数と時間

2. テーブルに触れる手の位置

1と同じ条件でテーブルを挟んで会話をする2人の手が、テーブルのどこに接触するのか、左右の手それぞれの動きを観察した。

10組20人の会話を分析したところ、テーブル天板が大きく、高いテーブルがあると、手はテーブルの奥まで触れることがわかった。

高いテーブルがあると操作領域[1]が侵害されるため、天板に接触することで、相手への関心を示すと考えられる。

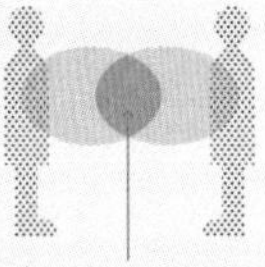

図3 操作領域の重なり

実験条件

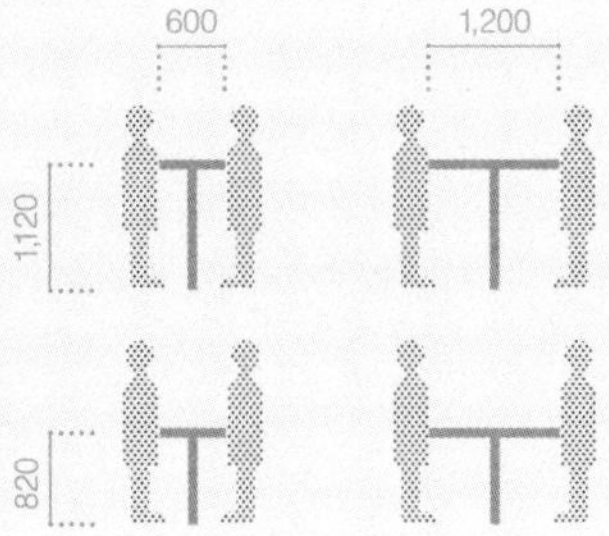

テーブル天板の大きさ(二者間の距離／mm)：W=600、1,200
テーブル高さ(mm)：H=820、1,120
合計4条件で2分間会話を行い、両手の動きを録画。実験参加者の17組からランダムに選出した10組20人の会話を分析し、天板接触回数と接触時間、手の位置を右手・左手を動画分析ソフトでそれぞれ算出

1 個人の身体の前に広がる空間で、自身でそこにあるものを操作できる領域

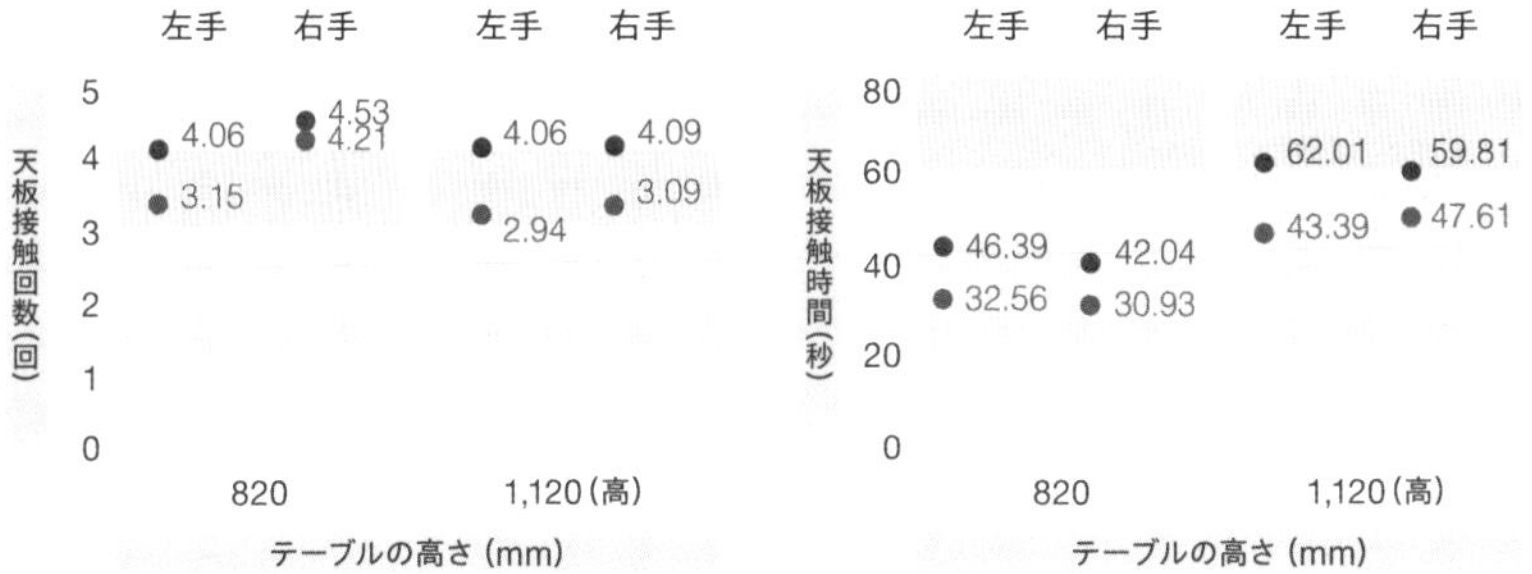

図4 テーブルの大きさ・高さの違いによる天板接触回数と時間

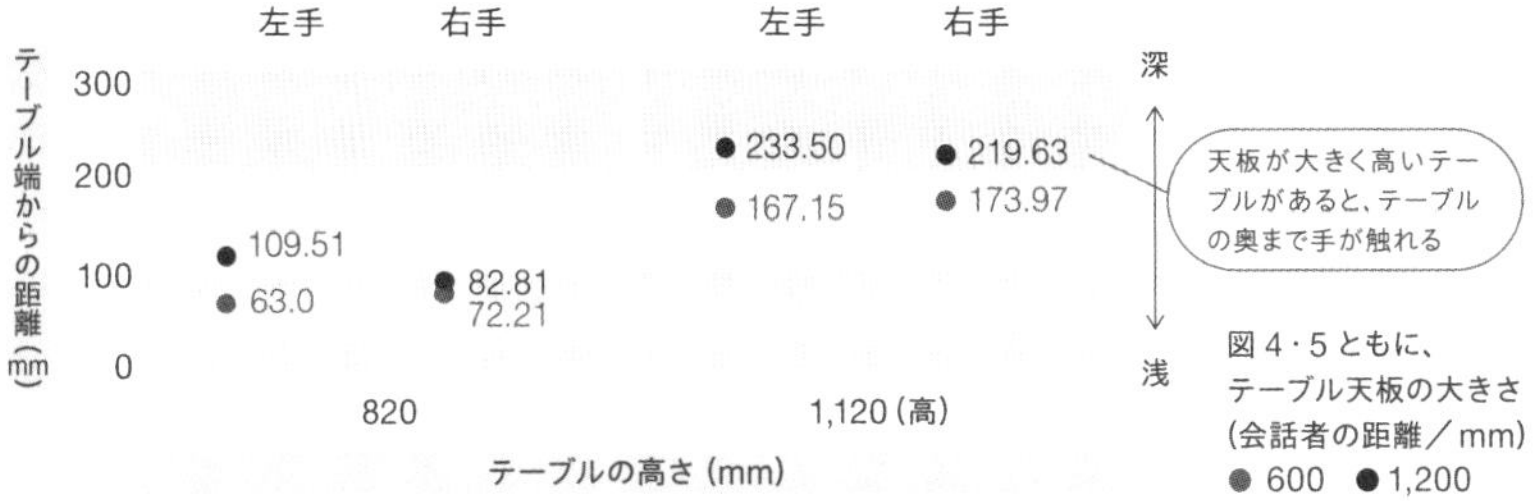

図5 テーブルの大きさ・高さの違いによる天板接触時の手の位置

立ったまま会話をする2人の間に、
テーブルは必要？

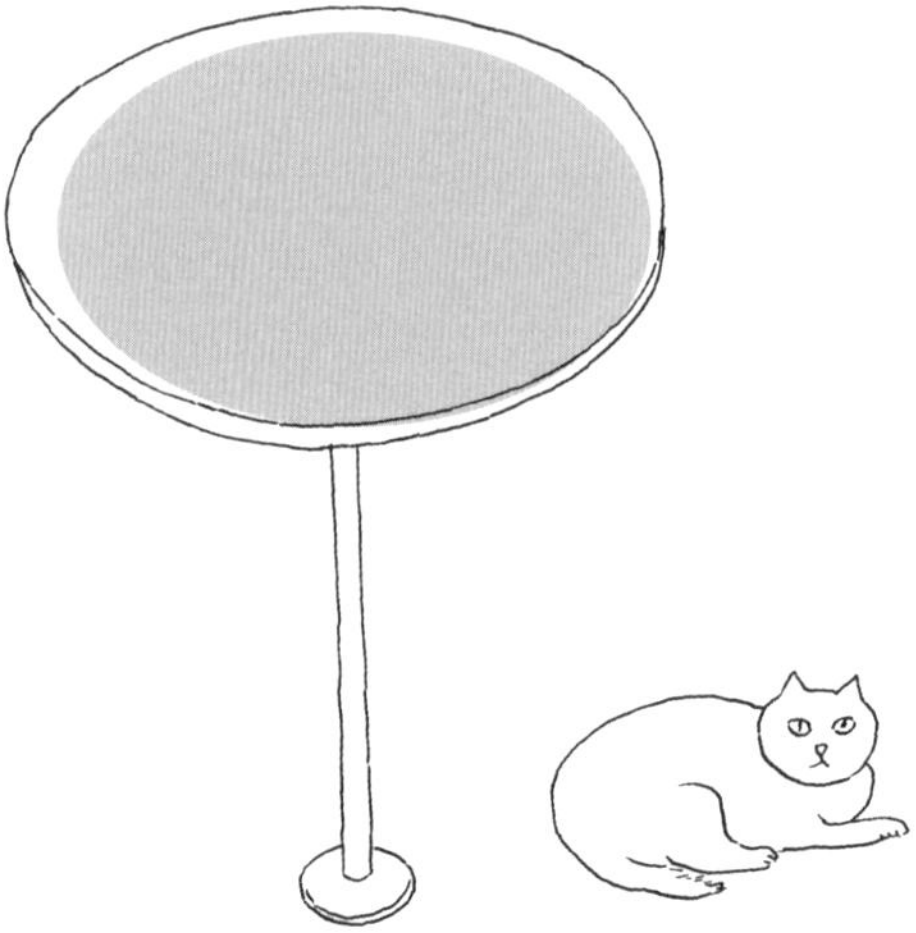

仕事の打ち合わせなら高めのテーブルがあると進めやすく、
雑談ならテーブルなしでも弾みます。

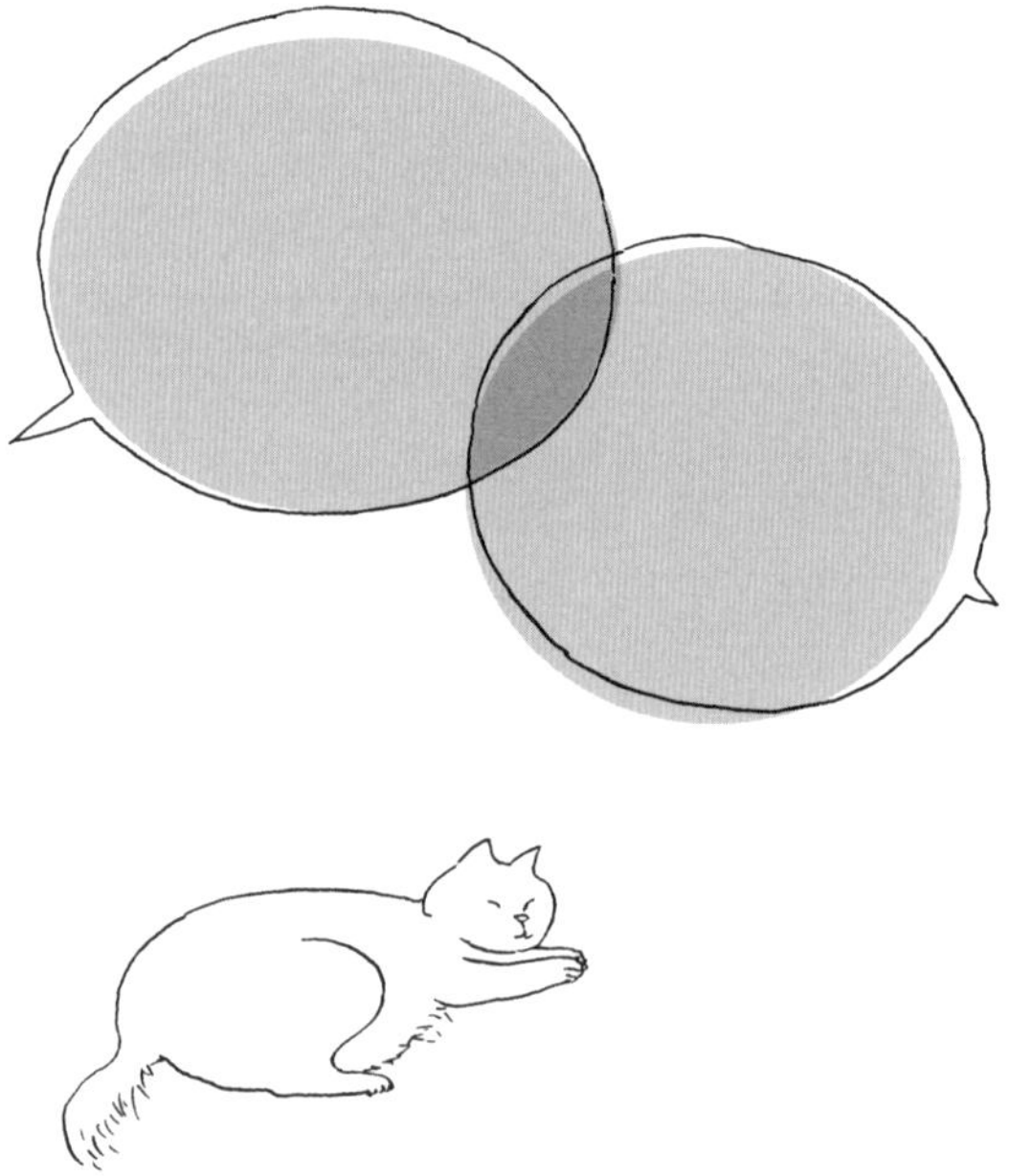

コミュニケーションが活性化する環境とは？

座って仕事をするときのデスクの高さは、70㎝程度が一般的です。昨今では、長時間座っていると健康に悪いことが広く知られるようになったこともあり、上下昇降ができるデスクで、立って働くことを実践している人が増えています。

それぞれの人にとっての働きやすさ、そこで働きたいと思えるような環境づくりへの関心が高まっています。オフィスでは、ただ仕事ができればよいのではなく、「働き心地」を重要視するようになりました。その一環として、オフィスにいるメンバー同士のつながりを深め、コミュニケーションをとりやすくするように、オフィスの中にカフェカウンターを設けて一緒に休憩の時間を過ごしたり、グループで集まって仕事ができる場所をつくったり、個人で集中してパソコン作業がしやすいようなワークブースを設けたり、リラックスした姿勢で仕事がしやすいように配慮されたソファ席を設けたりと、仕事をする環境のバリエーションは増えています。

出社とリモートを選択できるハイブリッドな働き方が広がるなか、オフィスづくりにおいてにはコミュニケーションの活性化に主軸が置かれていますが、どのような環境であれば、コミュニケーションがとりやすくなるのでしょうか。オフィスを歩いていて、急に呼び止められたり、たまたますれ違って話をしたり、会議

のあと、一緒に参加していたメンバーと会議室を出て立ち話をしたりすることはよくあることです。そのようなとき、どのような家具があると話がしやすいと感じるでしょうか。

雑談のような会話は近い距離で

立ったまま会話をするとき、2人の間にテーブルがあるとしたら、どんな高さや大きさのものがあると会話が弾むと思いますか？　高いテーブル、小さなテーブル……。会話する2人の間のテーブルは、コミュニケーションにどのような影響を与えているのでしょうか。テーブルの天板サイズや高さによって、「遠すぎる・近すぎる」といった相手との距離感や、「遠すぎて話しにくい・近すぎて落ち着かない」といった感じ方が違ってきます。

文化人類学者のエドワード・ホール Edward T. Hall（1914-2009）は、その著書『かくれた次元』（日高敏隆・佐藤信行訳、みすず書房、1970年）で、自分と他人との距離（対人距離）についての分類を示しました。45〜120cmは「個体距離」で親しい人との会話の距離であり、120〜360cmは「社会距離」で職場の同僚や仕事相手との会話の距離としています。

私たちは、テーブルの天板サイズや高さによって、「相手との距離に対する印象」や「快・不快の程度」はどのように変化をするのか、実験を行いました。オフィスで起きる会話を想定して、知り合い同士の親しい2人での会話を検証してみました。

その結果、雑談のような会話をするときと、仕事の打ち合わせといった堅い話をするときとでは、ちょうどよいと感じる距離は違っていました（「検証11」127頁）。雑談のようなときには、天板の大きさが一辺120cmの正方形のテーブルを挟んで2人の距離が離れているよりも、一辺90cmのテーブルで距離が近いほうが会話をしやすいと感じます。これはホールの個体距離、親しい関係との距離に当てはまりそうです。ホールが示したとおり、120cmは社会的距離であるため、個人的距離である90cmのテーブルの方が雑談のときには心地よいと感じていました。60cmの天板の大きさの場合、仕事の打ち合わせではテーブルの天板の高さが高くないと不快に感じて、雑談では不快に感じていません。

「テーブルのあり・なし」についてはどうでしょうか。堅い仕事の会話の場合はテーブルがないと話しにくいと感じますが、雑談の場合はテーブルがなくても大丈夫でした。テーブルがあることで相手との間に障壁ができて、守られているという感じがするのでしょう。堅い会話の相手とは自分を守るものが必要で、雑談のような会話の相手には無防備でいられるといったことの表れかもしれません。

仕事の会話は高いテーブルで

雑談のような会話を想定した状況では、2人の距離が90㎝でテーブルがない場合が最も話しやすいと感じていました。仕事の打ち合わせを想定した状況で

立ち話をする2人にとって、テーブルの存在や天板の大きさ、高さは、会話の進行にどう影響するのでしょう。
→検証11（P.127）

は、天板の大きさが90cmで高さが112cm[1]と、相手と近すぎない距離がとれる大きさの天板で高いテーブルの条件のときが、最も話しやすくなりました。これは、高いテーブルがあることで相手との障壁になる部分が大きくなり、より自分が守られている感覚を持てるからかもしれません。親しい相手とは、雑談のような会話はテーブルがなくてもやりやすいと感じますが、打ち合わせではテーブルがあった方がいいと感じていました。このことから親しくない相手とは、打ち合わせのような堅い会話はもちろん、雑談のような会話でもテーブルがあった方が話しやすいと考えられます。

会話の場面によって話しやすい環境は大きく異なります。オフィスではさまざまな関係性の人がともに働いています。立ち話をする環境ひとつを取ってみても、テーブルの大きさや高さはどの程度がいいのか、距離はどのくらいにしたらいいのか、シーンを想定してそこに適した環境を設えることが大切です。

うまく仕事の話ができないと感じたときなど、天板の大きさが社会的距離を保てる120cm程度の高いテーブルで会話をしてみてください。環境の違いによって話しやすさが変わってくることが、実感できると思います。

註
1 上下昇降テーブルを最も高くして行った実験時の高さ。

|検証 11|

テーブルの大きさや高さは、会話にどう影響するか

会話の目的とテーブルの大きさや高さの関係

立ち話をする2人の間に、天板のサイズや高さの異なるテーブルを置き、「雑談」「打ち合わせ」の2つのシチュエーションにおいて、会話の快・不快の度合いを検証した。

17組（34人）の実験参加者に4段階評価でたずねたところ、雑談の場合はテーブルがなく900mm離れた環境が最も話がしやすく、天板が大きく（W=1,200mm）、高さのあるテーブル（H=1,120mm）があると話がしづらいことがわかった。

一方、打ち合わせの場合は、話し相手との間に天板が大きく（W=900mm、1,200mm）、高いテーブルがあると会話がしやすいという傾向が見られた。

実験条件

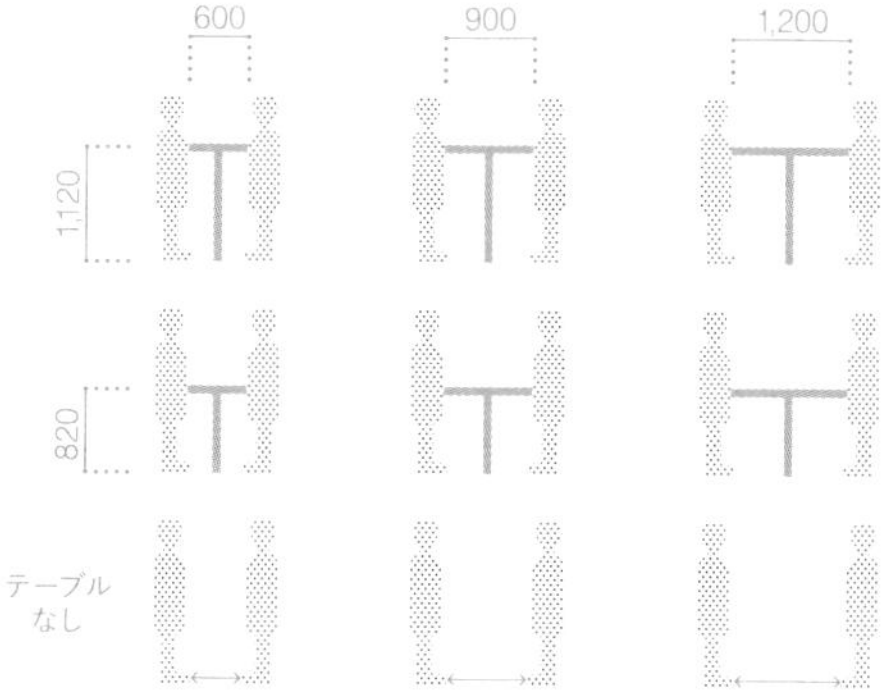

テーブル天板の大きさ（会話者間の距離／mm）：W=600、900、1,200
テーブル高さ（mm）：H=820、1,120
さらに、テーブルのない状態も含め、合計9条件で、雑談と打ち合わせでの会話の快・不快度を評価する

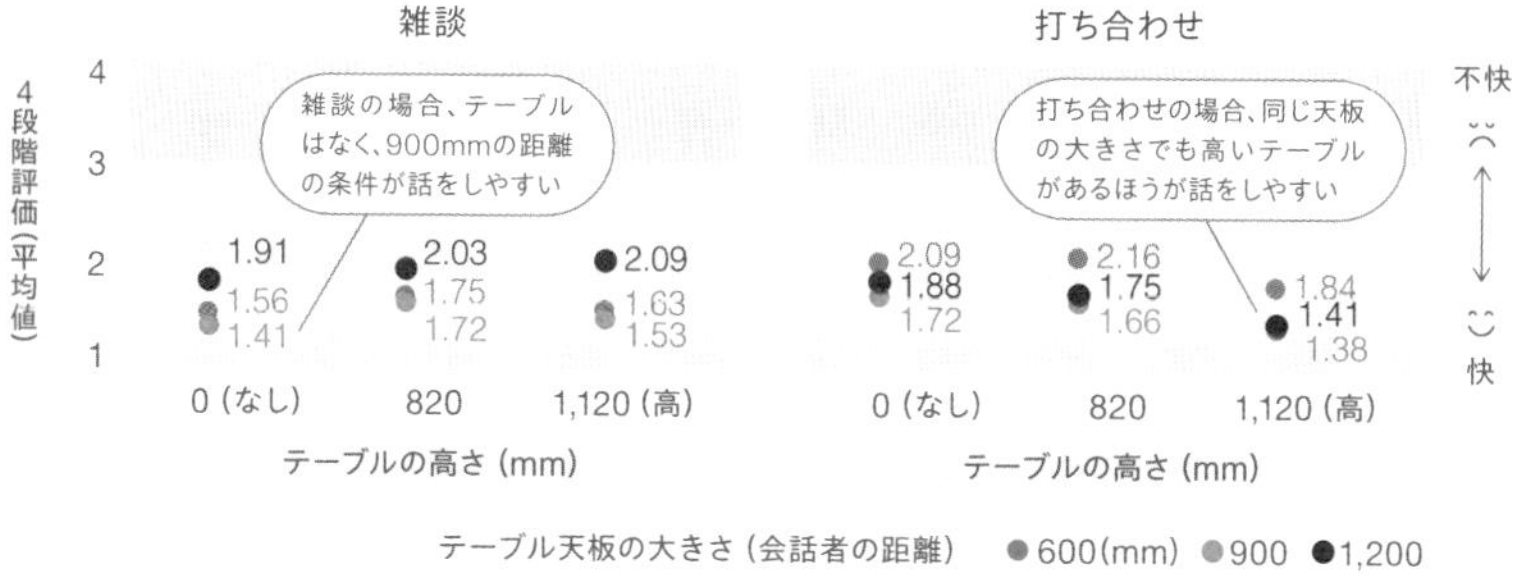

図1 テーブルの大きさや高さの違いによる会話の快・不快度（雑談時／打ち合わせ時）

位置

一緒に作業をする相手との位置関係、作業をするテーブルの高さや形が私たちに与える影響について見ていきます。家具の形状や使い方は、コミュニケーションにどのような影響を及ぼすのでしょうか。これまで働く場所ではあまり使われていなかった家具の可能性についても触れています。

2人の共同作業がはかどるのは隣の席、それとも？

話がしやすく、相手の様子がわかりやすいのは、
「斜め隣」です。

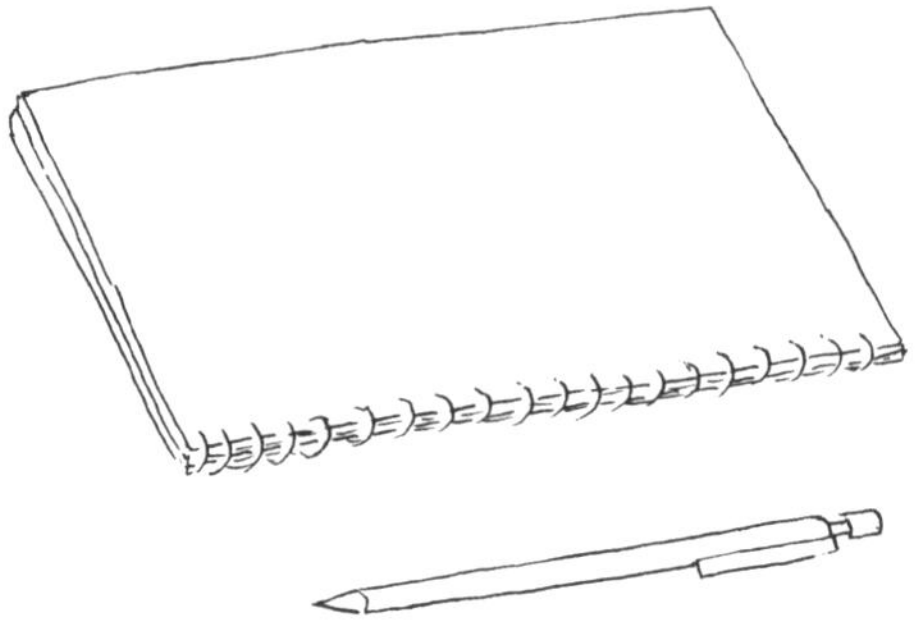

2人で作業をするとき、どこに座りたい？

みなさんも思い当たると思いますが、たとえば電車や会議室などで席を選ぶとき、一緒にいる人やそこに集まってくる人、そのとき空いている席の状況によって、座る場所を選んでいませんか。私たちは、相手との関係性によって、座席の位置や体を向ける方向などを使い分けているといわれています。

2人で一緒にある仕事に取り組む場合について考えてみましょう。ここでは2人1組のペアで課題に取り組むことを「ペアタスク」とします。ペアタスクの間、一緒に作業やディスカッションをすることもあれば、お互い近くにいながらも1人で集中して考えたりすることもあるでしょう。共同で行う作業と個人での作業を繰り返しながら、仕事を進めると思います。このようなペアタスクによい座席は、どのような配置でしょうか。

斜め隣に座ると、役割分担がしやすく、意見をうまく伝えられる

ペアタスクにおいて、横並びに座る座席配置と、斜め隣に座る座席配置を比較した実験を行いました。81頁で検証したように、向かい合わせになる座席配置は、一緒に資料を見たり、書き込んだりする文字の向きが逆になり、情報共有に影響してしまうため、ここでは横並びに座る場合と、斜め隣（角や楕円のテーブルのコーナー

を挟んだ隣同士、お互いの体の向きは約90度の位置）に座る場合の、二つの座席配置について、友人同士のペアを対象にしました。アンケートの結果、横並びよりも斜め隣のほうが、役割分担が自然に生じやすいこと、自分の意見をうまく伝えられたと感じていることがわかりました（「検証12」図1、139頁）。

役割分担が自然に生じやすかったのは、斜め隣に座るほうが相手の様子がわかりやすいため、自分のふるまい方を決めやすくなるからだと考えられます。また、横並びに座るよりも斜め隣に座るほうがお互い相手と視線を合わせることが多くなってコミュニケーションがとりやすく、自分の意見をうまく伝えられたと考えられます。さらに、どの座席配置がよいかをたずねた設問でも、相手の様子を確認しやすい斜め隣の配置が選ばれていました。

2人の座席配置によって話し方が変わる

ペアタスク中の発話についても分析を行いました。発話を録音し、発話中の名詞の割合「名詞率」[1]に着目しています。名詞率は、新聞のような説明的な文章では高くなり、小説のように描写的な文章だと低くなる特徴があります。実験の結果、横並びの座席配置では名詞率が高く、発話が説明的であること、斜め隣の座席配置では名詞率が低く、発話が描写的であることがわかりました。

相手の様子をうかがいやすい斜め隣の座席配置では、ディスカッションが対話的になりますが、横並びの座席配置では相手の表情が瞬時に見えず、様子がつかみにくいのでディスカッションが説明的になるのでしょう。

相手の表情が見える座席配置では会話が弾み、表情が見えない座席配置だと会話が盛り上がりにくいといえそうです。オンラインの会議でも、画面がオフのままだと話しにくいと感じるのは、このようなことが影響しているのかもしれません。


相手の顔が見えるとリラックスでき、理解が深まる

また、心拍に関する分析も行いました。横並びでの座席配置は、共同作業のほうが個人作業よりも緊張していますが、斜め隣の座席配置では、個人作業よりも共同作

座席の配置は、ペアタスクにどのように影響するのでしょうか。
→検証12（P.139）

業のほうがリラックスした状態で行われることが、心拍によってわかりました（「検証12」図2、139頁）。これも斜め隣では相手の顔が見やすく、横並びではのぞき込まないと相手の顔が見えないことの影響だと考えられます。

カフェに入って仕事をしようと思ったとき、窓辺のカウンター席と大きなテーブル席、どちらの席を好みますか？1人のときには、窓辺の席が他の人の視線が気にならずにいいと思う人が多いかもしれません。2人のときはどうでしょう。大きなテーブル席で角を挟んだ斜めの隣同士のほうが、一緒に作業をしたり会話をするにはいいと感じる人も多いのではないでしょうか。今回の実験では、ペアタスクでの作業を対象としましたが、人数が増えたり、メンバーの関係性によって座席配置の影響はどのように変化するのかは、今後検討が必要です。

また、発話の様子や心拍の状況を通じて、相手の表情が見やすいということは、作業や会話のしやすさに影響を与えていることもわかりました。特に、相手との仲があまり

深くないときには、相手がどのように感じているのか、何を伝えたいと思っているのかを理解するためにも、表情が見えることがより大切になりそうです。

心理学者ロバート・ソマーが行った矩形のテーブルに座る場合の、座席の選択に関する有名な実験があります（R・ソマー『人間の空間――デザインの行動的研究』穐山貞登訳、鹿島出版会、1972年）。会話、協力、個人、競争といった四つの異なる条件において、2人の座席の位置関係を選ばせた結果、条件に応じて、好ましいと感じる2人の座席の位置は異なることが示されています。会話であれば、斜め隣の位置か、向かい合う位置が多く選ばれていました。ここでも相手の表情がみえることが大切なことが共通した結果だと考えられます。

また、上司と部下が1対1で対話を行うワン・オン・ワン（1 on 1）を行うときに好ましいと感じる相手との位置関係についてたずねた調査では、部下は向かい合う位置、上司は角を挟んだ斜め隣を望む人の割合が多い結果となりました[2]。相手の顔がよく見えることをワン・オン・ワンのような対話では特に重視されていることがうかがえます。

横並びの席で相手と目を合わさないで勝手にドキドキして話すより、相手の表情を見ながら話すほうが、リラックスして対話ができるでしょう。

註

1 中尾桂子「品詞構成率に基づくテキスト分析の可能性――メール自己紹介文、小説、作文、名大コーパスの比較から」『大妻女子大学紀要』文系、No.42、2010年、101～128頁。

2 嶺野あゆみ「1on1を行う際に望まれる環境は?」『KNOWLEDGE RESEARCH PAPER』オカムラ、2024年。

|検証 12|

座席の配置が、ペアタスクにどう影響するか

会話中の名詞率と心拍数

座席配置の違いがペアタスクを行う2人のコミュニケーションにどのように影響するのか検証した。

1人がテーブルの長辺側に座りもう1人が短辺側に座る「斜め隣」と、2人がテーブルの同じ側に並んで座る「横並び」の関係において、発話中の名詞の割合（名詞率）を分析したところ、斜め隣（30.6%）のほうが横並び（33.9%）よりも名詞率が低く、対話的であることがわかった。アンケートの結果からも、斜め隣のほうが自分の意見をうまく伝えられたと感じていることが示された（図1）。

ペアタスク中の個人作業と共同作業中の心拍を測定したところ、斜め隣の配置では、個人作業より共同作業のほうがCVI（副交感神経の活性を反映）[1]が高く、リラックスしていることが示された（図2）。

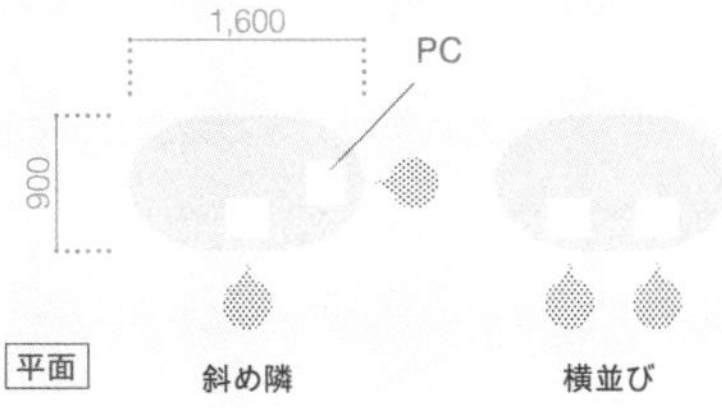

実験条件

斜め隣と横並びの2条件で着席する2人が、課題について個人で考える作業を行い（5分間）、その後2人で話し合う作業を行う（15分間）。作業中の心拍を測定し、CVIおよびCSI[2]を指標とする解析を行い、個人作業、共同作業での緊張の度合いを比較。
共同作業中は発話を録音し、発話中の名詞率を分析。会話が説明的な場合、名詞率が高くなり、描写的だと低くなる特徴がある。実験参加者は2人1組、合計20人

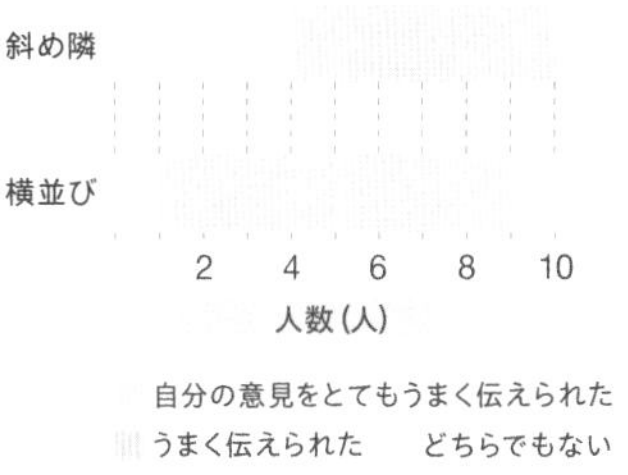

図1 配置の違いによるコミュニケーションの状態（斜め隣／横並び）

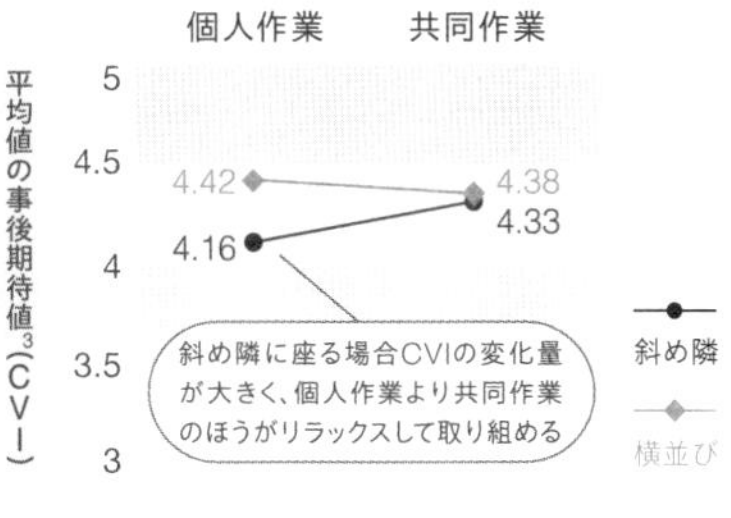

図2 個人作業と共同作業のCVIの変化量（斜め隣／横並び）

1 副交感神経機能指標（cardiac vagal index;CVI）。リラックスしているときに活性化する副交感神経の活性を反映する指標。
2 交感神経機能指標（cardiac sympathetic index;CSI）。緊張しているときに活性化する交感神経の活性を反映する指標。
3 統計的に推定されるCVIの平均値。

四角いテーブルと丸いテーブル、共同作業にどう影響する？

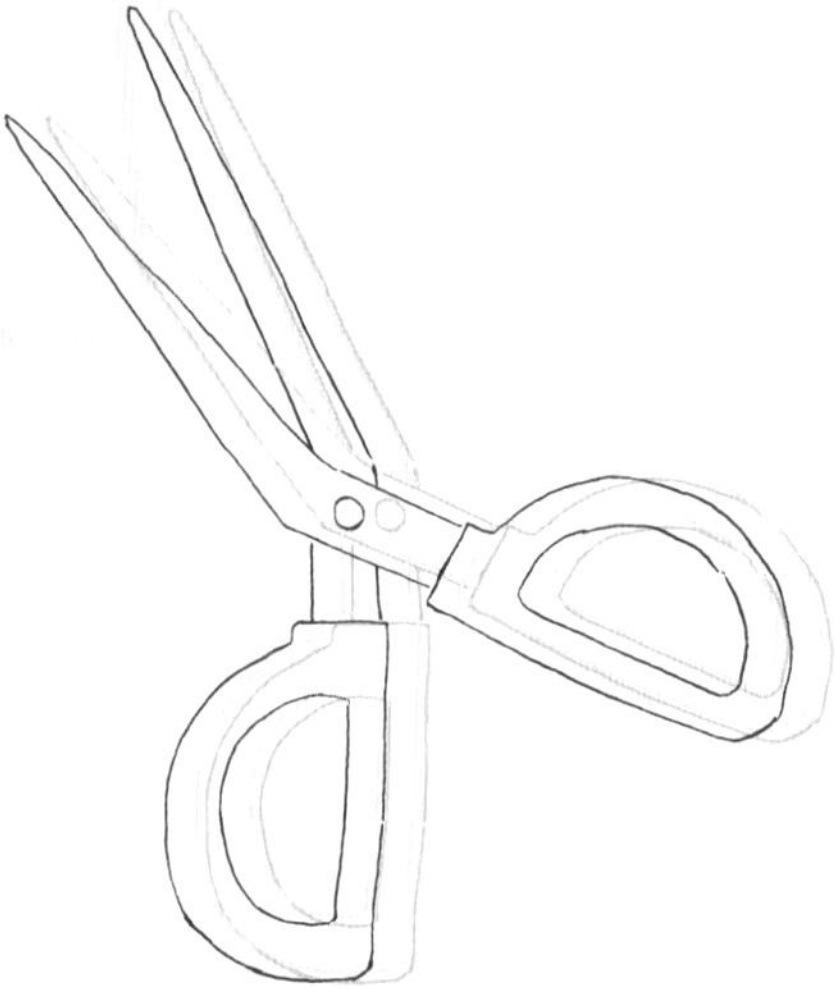

丸みのある天板のテーブルは、
相手と一緒に使ってもいいと感じる領域が広く、
集中力も高まります。

四角いテーブルと丸いテーブル

四角いテーブルと丸いテーブル、どちらがお好みですか。空間に配置することを考えると、四角形は組み合わせても隙間ができにくく効率的に並べられそうです。座る位置や人数も四角形であれば、四辺それぞれに何人くらい座れそうか、単純に計算ができます。長方形のテーブルでは、短辺に位置する人が周囲からの注目を集めるようになるため、短辺に座った人のリーダーシップが高まるといわれます[1]。

一方、丸いテーブルは、オフィスの中では四角形のテーブルほど多く使われていませんが、丸いものがあることで空間にゆとりを感じたり、かわいらしいと感じたりする効果があるように思います。また、丸いテーブルでは、均衡のとれた席の配置ができ、対等な立場でのやりとりがしやすいといわれます。国際会議などが円卓で行われている様子を見ると、なんとなく理解できる話です。テーブルの形やサイズは、人びとが集う空間や位置に影響して、その場の印象や雰囲気を変える力があるといえそうです。

テーブルの形にはどんな影響がある？

会議のときは長方形のテーブルしか使ったことがないといった経験則や、先述

のように丸いテーブルがあるとゆとりを感じるというような定性的な評価によって、テーブルの形は選ばれていることが多いように思います。

ＡＢＷの広がりによって、個人のデスクだけではなく、大きなテーブルを一緒に使ったり、ファミレスブースのようなソファ席で仕事をしたり、働く環境のバリエーションは広がっています。あわせて、家具の形状もさまざまになっ

ていますが、その形にはどのような効果があるのでしょうか。

ここでは、引き続きペアタスクに着目して、テーブルの影響を見ていきたいと思います。テーブルの天板の形が、長方形と円形といった極端な違いではなく、2人が並んで座って使える大きさで、座っている辺が直線状と曲線状になっている、わずかな形の違いでどのような影響があるのかを調べます。

机上面に感じている「領域」

テーブルの天板の形状による集中のしやすさについてアンケートを行ったところ、座っている面が曲線状のテーブルは直線状のテーブルに比べ、一緒に作業をしているときも、個人で作業をしているときも、同じように集中できることがわかりました（「検証13」図1、149頁）。

さらにその理由を明らかにするために、作業を行っている最中、隣に座った人がテーブル上のさまざまな位置にも

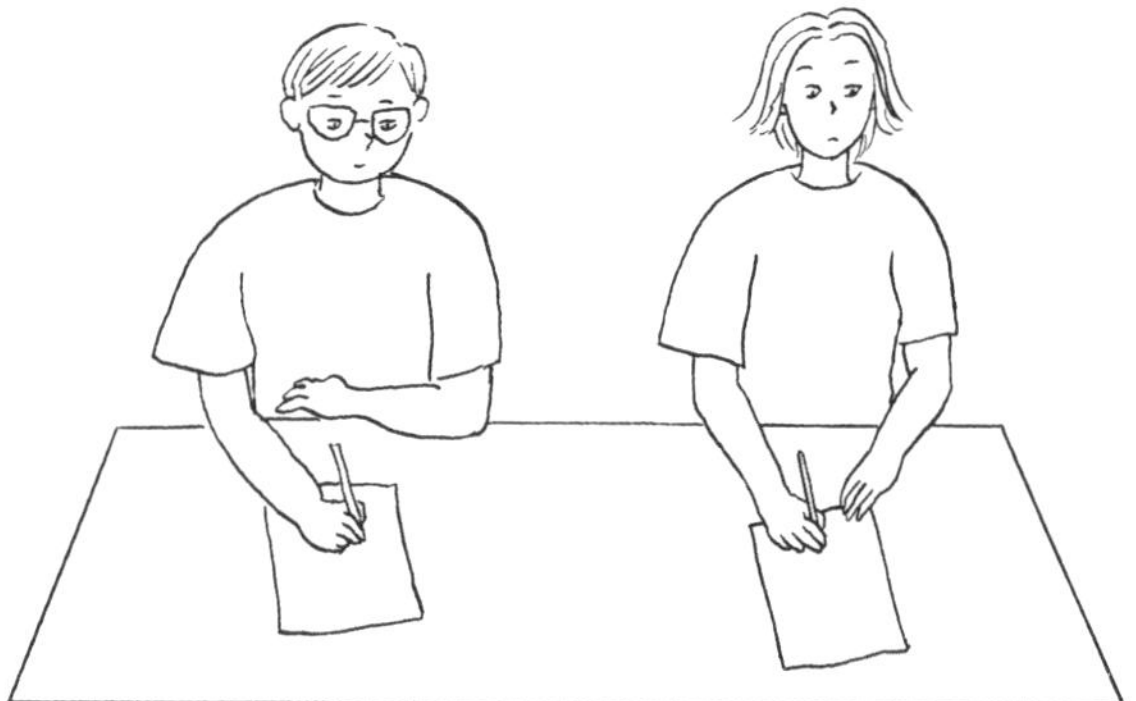

直線状のテーブル、曲線状のテーブル、ペアタスクにはどのように影響するのでしょうか。
→検証13（P.149）

のを置いたときの印象を調べる実験を行いました。分析の結果、天板の形によらず、机上面には心理的領域が発生していることが確認できました。座っている人から近い机上面には、他人に入ってきてほしくないと感じる「個人領域」が生まれます。また座っている人から遠くの机上面は、比較的他人が入ってきても気にならない「共有領域」になっていました。そして、座っている面が曲線状のテーブルでは、直線状のテーブルよりも、「個人領域」はせまくなり、一緒に使っても気にならない「共有領域」が広くなることもわかりました（「検証13」図2、149頁）。

ペアタスクにおいて曲線状のテーブルでは「共有領域」が広くなるため、2人横並びで座っても、隣の人の作業が気にならず、個人の作業にも集中しやすくなるのです。一方で、直線状のテーブルではほとんどが「個人領域」となり、2人横並びで座った場合には、「共有領域」がほとんどないため、共有資料を置くスペースの確保も難しくなるといえます。

共同作業に向くのは曲線の形のテーブル

空間での見映えや雰囲気など主観的に評価してきた天板の形について、「心理的領域」という視点で見ることにより、共同で作業する人たちの心理に及ぼす影響を、客観的に示すことができました。

天板の形によって、私たちの領域の感じ方は異なります。共同で作業を進めたりするときに使うテーブルは、一緒に使ってもよいと感じる「共有領域」が広い、曲線の形のテーブルを使うほうがよさそうです。共有資料のスペースも確保しやすく、個人で作業をするときにも隣の人が気にならず集中しやすいからです。ゆるやかな曲線を持つ形のテーブルを使うことによって、お互いの「個人領域」はあいまいになり、「共有領域」をさらに広く感じられるようになると思います。わずかな形の違いが持つ影響を、オフィスの中でうまく利用してみてはいかがでしょうか。

註
1　高嶋和毅・会田直浩・横山ひとみ・北村喜文「人の空間配置を動的に変化させる自律変形デジタルテーブル」情報処理学会インタラクション、2014年、41〜48頁。

|検証 13|

テーブルの形が、ペアタスクにどう影響するか

机上面に生まれる「共有領域」「個人領域」

テーブルの天板形状（曲線／直線）が及ぼす影響を調べるために、個人作業と共同作業を行うメンバーを対象にアンケート調査を行った。その結果、曲線状のテーブルは個人作業も共同作業もほぼ同様に集中できるが、直線状のテーブルでは、個人作業のほうが集中できることがわかった(図1)。

天板形状による影響をさらに明らかにしようと、隣に座る実験者が机上面に設定した18の区画にスマートフォン程度の大きさの物体をランダムな順序で置いたときの心理状況についてたずねた。その結果、どちらの形状でも他人に入ってきてほしくない「個人領域」、他人が入ってきても比較的気にならない「共有領域」が発生することが確認できた。いずれの形状でも個人領域は自分の近くに発生するが、曲線状のテーブルは個人領域が狭く、共有領域が広いことがわかった(図2)。

実験条件

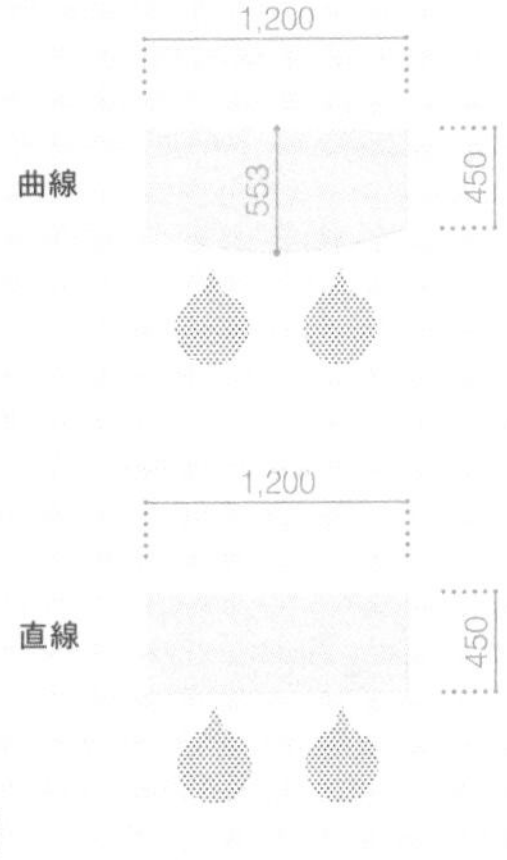

着席する面の形状が異なる2つのテーブル（曲線／直線）に2人が着席。ワークシートに書かれた設問に回答している最中、隣の実験者によって机上面に物を置かれた状態に対する印象を答える

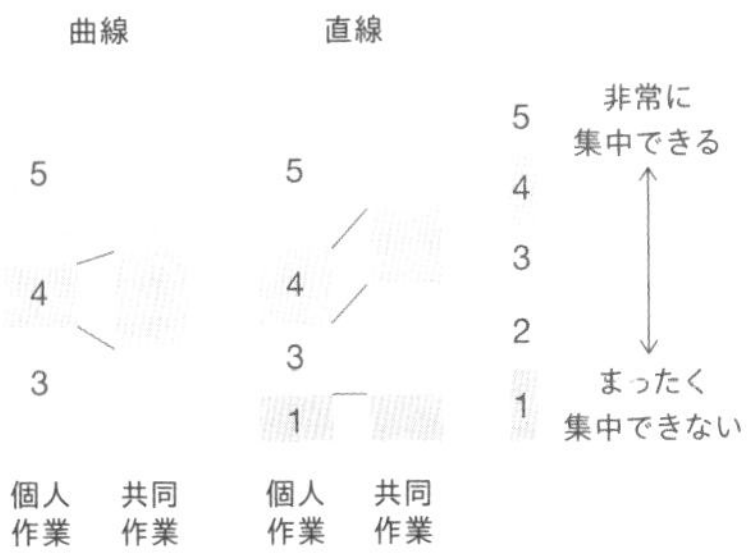

図1 個人作業と共同作業での集中のしやすさ（曲線／直線）

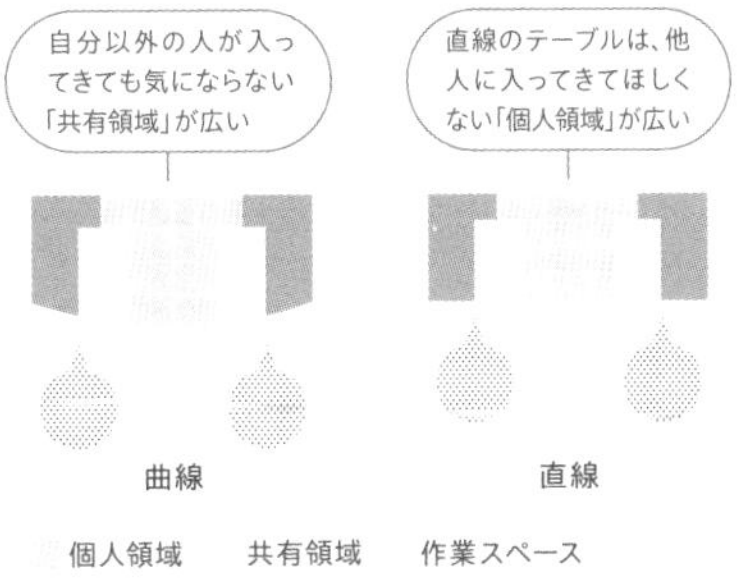

図2 机上面に生じる心理的領域（曲線／直線）

立ち姿勢が仕事の効率を上げるって、本当？

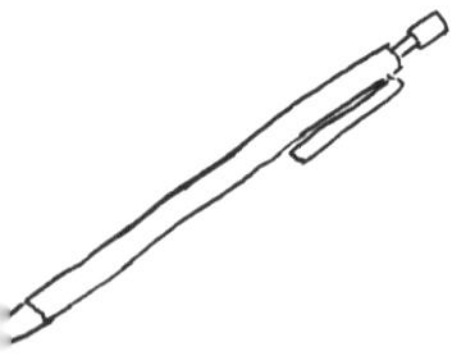

疲れない程度の時間内であれば、
個人の作業でも共同の作業でも、
立って行うと集中が高まります。

座りっぱなしの弊害

在宅ワークによって、移動に費やしていた時間を有効に使えたり、通勤によるストレスや疲労を軽減できたり、育児や介護と仕事の両立がしやすくなったりと、メリットが増えた反面、仕事と生活のメリハリをつけにくくなったり、運動不足になったり、働きやすい環境が整わず無理な姿勢で仕事をしたり、オンライン会議のときもずっとパソコンの画面を見続けたりすることで、体の不調を感じるようになった人も少なくありません。通勤は満員電車などでストレスを感じる一方で、外出することで運動の機会になっていましたが、在宅ワークではオンライン会議が連続したり、1人で集中しすぎたりすることで、座りっぱなしになりやすいことも一因といわれます。

これまでも、同じ姿勢をとり続けると身体的負荷が高まり、疲労しやすくなることから、ずっと座り続けるのではなく、立ち姿勢を取り入れて働くことの効果が注目されていました。さらに、在宅ワークが増えたことから、座りすぎを防ぐため、スマートウォッチの時間管理機能やアプリを使って、立位姿勢になる時間をあらかじめ設定して知らせてもらうようにしたり、自宅で上下昇降デスクを利用したりしている人も増えているようです。

立位姿勢は、個人作業でも共同作業でも効果がある？

立位姿勢を取り入れることで、眠気を感じにくくなったり、足のむくみが低減したりという効果が報告されています[1]。また唾液による検証実験から、個人作業の集中力が高まることもわかっています[2]。

立位姿勢を取り入れることの効果は、個人作業だけにあてはまるものではありません。具体的に家具で考えると、ミーティングのテーブルをスタンディングテーブルにすることは、たとえばナースステーションでの申し送り（交替する

担当者への進行途中の業務の引き継ぎ）など、短時間のクイックな情報共有が必要なときに有効です。

立位姿勢で共同作業を行うことの効果は、すぐに集まれて、椅子がなくてもいいぶん省スペースで作業できるということがあげられますが、それだけなのでしょうか。立位姿勢で行う効果をさらに探るため、ペアタスクにどのような影響があるのかを実験してみました。

実験は立位と座位の姿勢の違いについて、友人同士のペアを対象に行いました。2人の配置は斜め隣で、課題について、個人で考える作業と2人で話し合う作業を、椅子に座った姿勢と立った姿勢、それぞれの姿勢で行ってもらいました。

立位テーブルで集中が高まる

実験者へのアンケートの結果からは、共同作業において、座位より立位のほうがよいアイデアが出せたと感じていること、積極的に取り組めたと感じていることが示されました（「検証14」図1・2、159頁）。また、心拍に関する分析からも、立位は座位に比べ、集中しやすいことがわかりました（同図3）。立位姿勢は、個人の作業だけでなく2人の作業についても、同様に集中して取り組めるようです。

立ったままの姿勢では疲れてしまいますが、疲れない程度の時間内において、立位は集中を高めることに有効なのです。

人数の違いや、メンバーの関係性による姿勢への影響がどのように変化するか

立ち姿勢と座位、集中の違いがあるのでしょうか。
→ 検証14（P. 159）

については、さらに検討が必要ですが、オフィスの中に個人作業の上下昇降デスクだけではなく、一緒に作業ができる立位テーブルを設けるとよさそうです。立って作業をしている人には話しかけやすいというコミュニケーション上の効果もあります[3]。仕事は座ってするものと思いがちですが、立って働くことの効果もあるといえるでしょう。

まず、打ち合わせは当たり前のように「座ってやる」ではなく、疲れない程度の時間であれば、「立ってやる」ことも取り入れてみてください。働く姿勢のバリエーションはこれからも広がっていきそうです。

註

1 鈴木一弥・落合信寿・茂木伸之・山本崇之・岸一晃・浅田晴之「高さ可変デスクを使用したデスクワークへの立位姿勢の導入が身体違和感、疲労、下腿周囲長に及ぼす影響」『The Journal of Science of Labour』90巻4号、2014年、117〜129頁。

2 Rosenbaum, D. et al., “Stand by Your Stroop: Standing Up Enhances Selective Attention and Cognitive control”, *Psychological Science*, Vol. 28, Issue 12, 2017.

3 劉当・花田愛・森田舞・浅田晴之・渡辺秀俊「ワーカーの対人認知に関する調査 立位用デスクと座位用デスクが混在する執務環境に関する研究」『大会学術講演梗概集』建築計画、日本建築学会、2017年、801〜804頁。

|検証 14|

立位と座位が、作業中の心理にどう影響するか

共同作業の活性化と集中の高さの違い

テーブルのコーナーを挟んだ斜め隣に位置する2人が作業を行うとき、座位と立位の違いがコミュニケーションにどう影響するのかを検証した。

斜め隣の配置で、椅子に座った姿勢と立った姿勢の2条件で個人作業のあと、共同作業を行った。実験者へのアンケートより、立位のほうが課題への積極性が高く、いいアイデアが出せたことがわかった（図1・2）。

個人作業と共同作業中の心拍を測定したところ、座位に比べて立位のほうが、集中が高くなることがわかった（図3）。

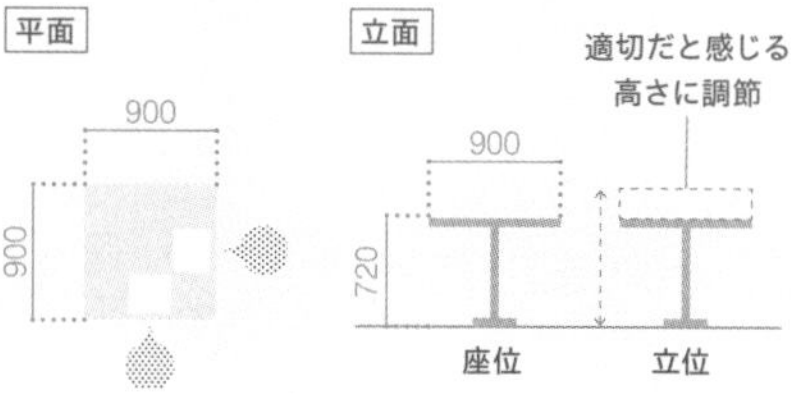

高さの異なる2つのテーブルに斜め隣に配置した2人が、座位と立位の2条件で個人作業（5分間）を行い、共同作業（15分間）を行う。作業中の心拍を測定し、CVIおよびCSIを指標とする解析を行い、個人作業、共同作業での指標を比較。実験参加者は2人1組、合計20名

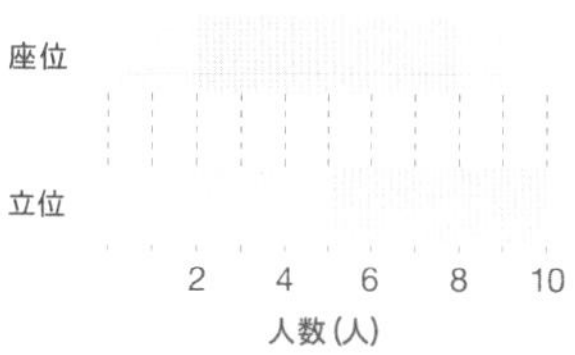

図1 よいアイデアが出せたかどうか

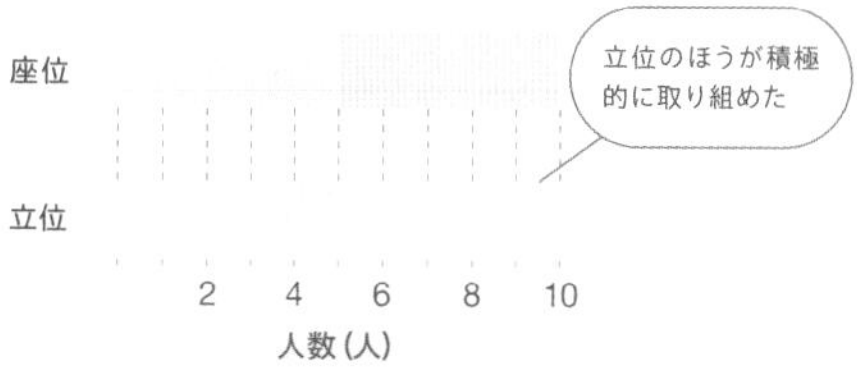

図2 積極的に取り組めたかどうか

そう思う　どちらかというとそう思う　どちらでもない　どちらかというとそう思わない　そう思わない

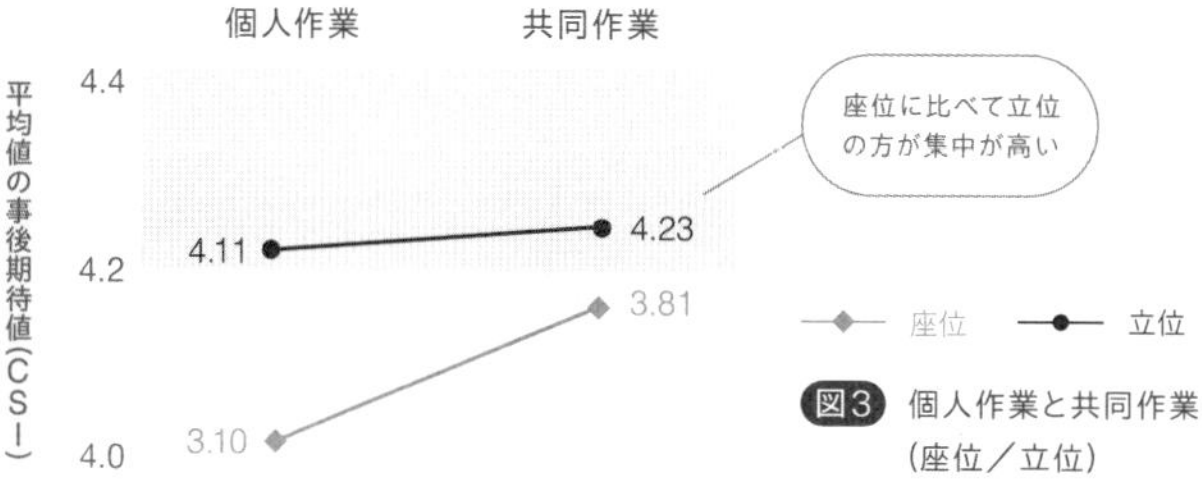

図3 個人作業と共同作業のCSIの変化量（座位／立位）

ローテーブルやソファは、どんな仕事に向く？

ローテーブルを囲むと、メンバーの一体感が生まれ、
アイデアもわいてきます。

ローテーブルには何か効果がある？

グレーのデスクが組織図通りに並んでいた時代のオフィスから一変して、植物園のようにグリーンがたくさんあるオフィス、バリスタがいそうなカフェカウンターがあるオフィス、ビリヤード台や卓球台、ジムの機器やスタジオのあるオフィス、マッサージ師が常駐しているオフィス、シェフのいるオフィスなどなど、一口にオフィスといってもその環境はほんとうにさまざまになっています。

ＡＢＷの広がりによってオフィスの環境が多様になるなか、これまで働いたことのない環境で働くことの効果を探ってみたいと思います。スタンディングテーブルのような高いテーブルを使って、立位姿勢で作業をすると集中しやすい効果があるのであれば、低い姿勢になるローテーブルにはどのような影響があるのでしょうか。

ローテーブルは作業面が低いため、パソコンを使った作業や筆記の作業には向きそうにありません。でも座面の低いゆったりとしたソファに体を預けると、ぐっと姿勢が低くなり目線が下がることで、ずいぶんと気分は変わるように思います。ローテーブルやソファといった低い家具で構成されている空間は、ホテルのロビーや応接室のように、周囲の空間にもゆとりがある場合が多く、ゆったりとした印象がありますね。ローテーブルを囲み見下ろす姿勢になると、互いに交わる視線の高さも低くなります。互いの視線が低くなることで、打ち解けやすくなるなど、互いの関係に変化はあるのでしょうか。

立位姿勢での作業がクイックに進められる印象なのに対して、低い姿勢では、ゆったりと話ができたり、じっくりと考えることができたり、一緒にいる人とリラックスできたりするような印象を抱くのではないでしょうか。実際に、どのような効果があるのでしょう。

アイデアが出やすく、話し合いに集中できる

テーブルの高さが55㎝のローテーブルと、72㎝の一般的な高さのテーブルを比較して、４人でのグループワークの実験を行いました。椅子は同じもの（座面の高さ44㎝）を使っています。グループワーク中は心拍を測定し、グループワークが終わったあとにアンケートに答えてもらいました。

その結果、ローテーブルのほうが、「いいアイデアが出せた」「多くのアイデアを出せた」「一体感があった」「協力して取り組めた」「自分の意見を話しやすかった」と、グループワークがうまくできたと感じていることがわかりました（「検証15」１６９頁）。

また、「テーブル全体が見渡しやすい」「よりカジュアルである」などの回答から、資料を広げメンバーで話し合うような作業には向いているといえますが、当初想定していた通り、「パソコンや筆記作業には使いたくない」など実際に手を動かすような作業には向かないという結果になりました。心拍の分析からは、ローテーブルは、個人でアイデアを出すときよりも、メンバーでの話し合いのときのほうが、集中の度合いが高まっていることがわかりました。ローテーブルはアイデア出しなどのグループディスカッションに活用するとよさそうです。

リラックス効果はなさそう？

注目していたリラックス効果については、特にローテーブルだからリラックスしているということは、心拍の結果からはいえませんでした。リラックスしているときに活性化する副交感神経の指標は、ローテーブルよりも、72㎝の一般的な高さのテーブルでの作業のほうが高くなっていたのです。

低いテーブルはどんな仕事に向いているのでしょう。→ 検証15（P.169）

ローテーブルでの作業よりも、一般的な高さのテーブルでのほうがリラックスしていることになります。

これは、椅子の座面とローテーブルの高さが作業に合っておらず体に負担がかかっていたこと、これまでグループワークをローテーブルで仕事をした体験が少なく、身構えてしまったことが理由だと考えられます。作業時の姿勢よりも、グループワークを低座で行うことによる体験そのものに対する印象が影響していたといえるでしょう。

オフィスでの働く姿勢の多様化

働く姿勢について考えてみると、在宅ワーク中、ソファにゆったりと体を預けると資料が読みやすかった、靴を履いていないとラクで、横になったりあぐらを組んだりでき、多様な姿勢をとって働いていた、という話も聞きます。自宅でとれる姿勢のすべてをオフィスの中で再現することは難しいと思いますが、オフィスで働く姿勢をもっと多様にしていく可能性はあると思います。

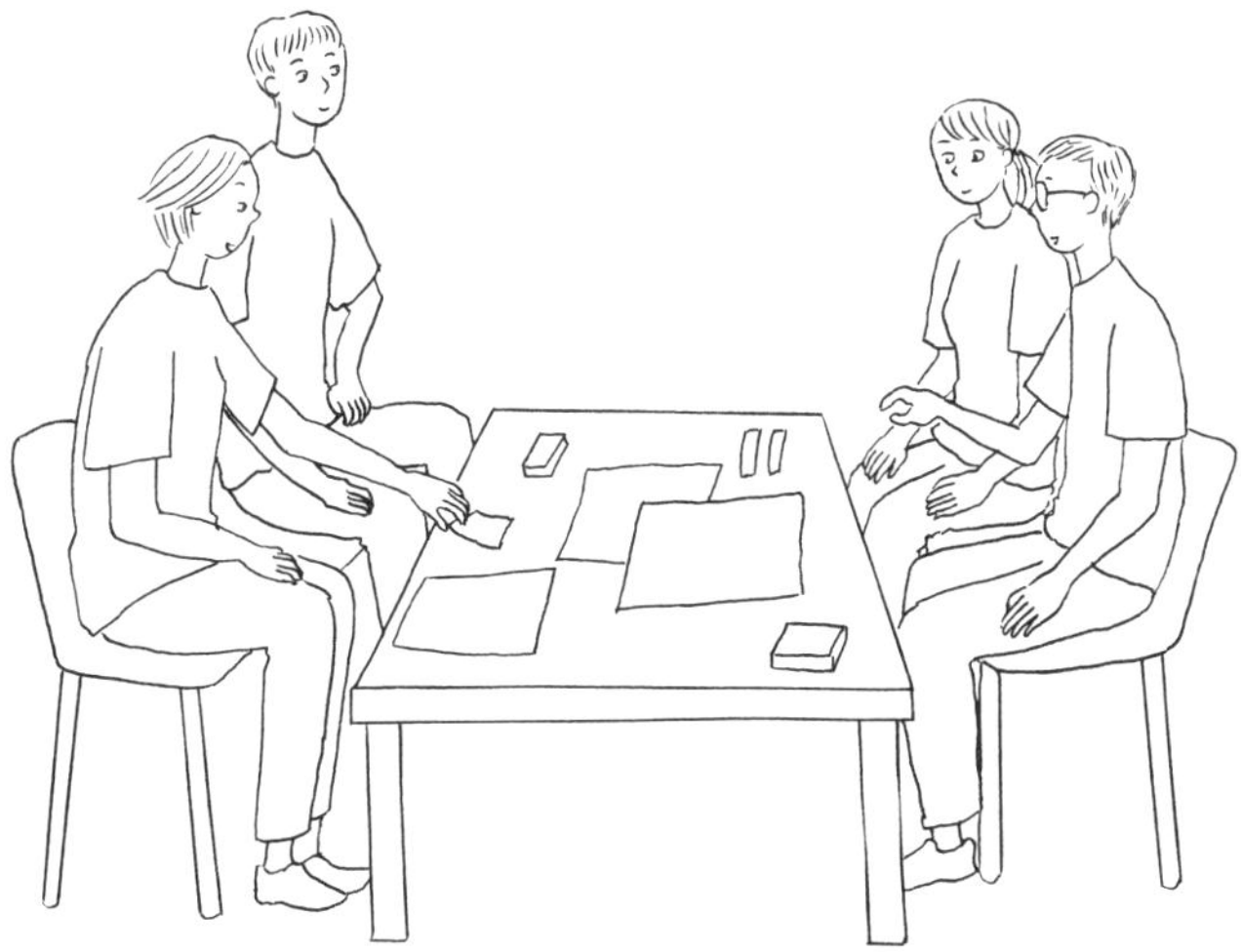

かつては、オフィスに応接目的以外のソファ席はありませんでしたが、いまでは打ち合わせや個人の作業にも広く使われるようになりました。オフィスのソファ席は、ホテルなどのソファとは違って、働きやすいように工夫がされていま す。ソファの座面とテーブルをパソコンでの作業がしやすい高さにしたり、沈み込むようなやわらかい素材よりも硬くて姿勢を保持しやすいものを選んだりしています。さらに、クッションに背中を預けたり、クッションを抱えて上体を支えたりして、姿勢を安定させることもできます。ソファもクッションも、かつてのオフィスでは働く環境のツールとは思われていなかったのではないでしょうか。

あなたのオフィスでは、空間の設えにどれくらいのバリエーションがありますか？　一般的なテーブルと椅子のほかに、ローテーブルとソファの低座の空間、靴を脱いでの小上がり、スタンディングテーブル……。いくつかバリエーションを持つことで、そのときの目的に合わせて、働く場所を選ぶことができるでしょう。

そして、まずはそのような空間を用意して使ってみるようにしてください。そんな空間だと……という思い込みで体験しないでいると、その空間が持っているよさに気づかないままになってしまいますから。

|検証 15|

テーブルの高さは、コミュニケーションにどう影響するか

ローテーブルの効果

作業をするのに一般的なテーブルとローテーブル、異なる高さのテーブルを囲む4人が個人作業と共同作業を行う際のコミュニケーションの違いを検証した。

アンケートの結果より、ローテーブルでの共同作業は議論が活性化し、一体感のあるコミュニケーションが形成され、情報共有しやすく、共同作業に対する肯定感を促進することがわかった（図1〜4)。

また、実験中に心拍を計測した結果、ローテーブルを用いる場合、個人作業より共同作業のほうが、交感神経が優位で集中度が高いことが示された。

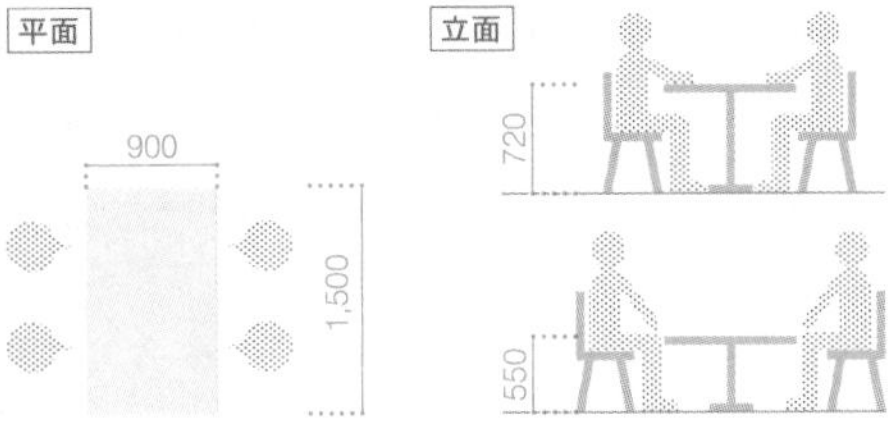

高さの異なる二つのテーブル(H=550mm／720mm)に着席した4人が個人作業を行い(7分間)、その後共同作業（12分間）を行う。作業中の心拍を測定し、CVIおよびCSIを指標とする解析を行った。実験参加者は4人1組、合計16名

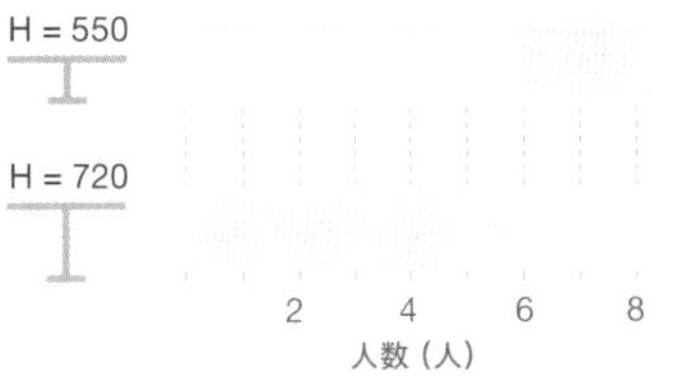

図1 よいアイデアが出せたかどうか

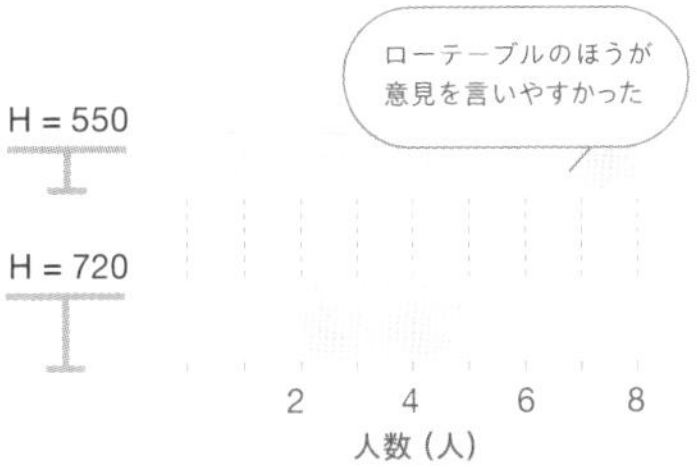

図3 自分の意見を言いやすかったか

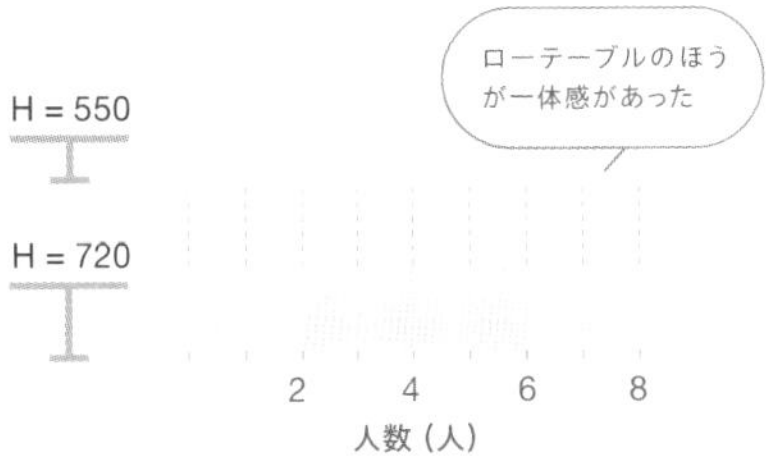

図2 一体感があったか

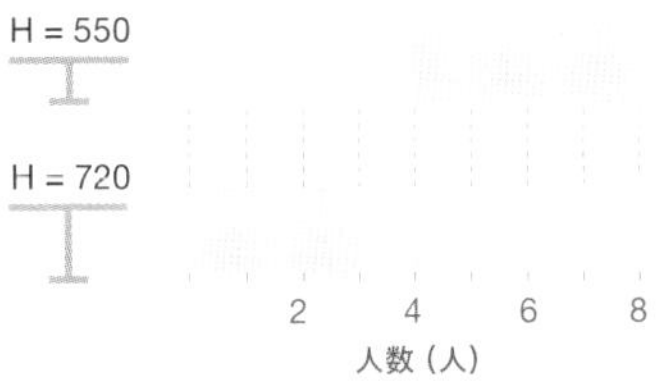

図4 テーブル天板は見渡しやすいか

そう思う　どちらかというとそう思う　どちらでもない　どちらかというとそう思わない　そう思わない

インタビュー

インクルーシブ*な環境づくりや関係性の構築に向き合う建築家、哲学対話を通して対話・つながりといったテーマに取り組む研究者に話をうかがい、人が集い、働く場はこれからどうなっていくのか、対話のためにどのような場が求められているのかを探ります。

*障がいの有無や国籍、年齢、性別などのさまざまな背景を持つあらゆる人が排除されないこと。

使う人びとを信頼し、謙虚に、誠実につくる

大西麻貴（建築家）＋百田有希（建築家）

聞き手＝花田 愛

地域に開かれた、価値あるハイブリッド

――今日はお二人が主宰するｏ＋ｈのオフィスにお邪魔していますが、この「浜町ＬＡＢ.」も２０１９年に改修を手がけられたもので、街並みに開かれ、緑も多くてとても素敵です。私自身は長年、家具やインテリアを通して働く場のあり方を研究してきましたが、本日はそれに加えてもう少し広く、建物や都市の観点から考えていければと思っています。

まずはじめに、ｏ＋ｈさんの働き方、特にコロナ禍以降のリモートとリアルの使い分け、空間の使い方などについて聞かせてください。

百田　僕たち二人はコロナ禍の間もほとんど毎日出社していました。スタッフはリモートＯＫにしていましたが、コロナが始まったばかりの数カ月以外は、ほとんど事務所で仕事していましたね。

――働く環境としてリモートも選択できるけれど、リアルに集うことを大事にされているんですね？

大西　たとえばスタディで模型をつくっても、画面

上では、いいか悪いか、可愛いかそうでないかが直感でわかりにくい部分があります。それに画面越しでは論理立てて話すようになりがちです。だからどうしても対面で話さないと。

一方、コロナ禍ではスタッフ以外の仲間が集まれる機会も、海外に行くことも減りました。信頼関係のあるメンバーが集う場が必要だと考えてスタートしたのが「Hamacho Liberal Arts」という勉強会です。2カ月に1回ほどスタッフや知人や学生が浜町LAB.の1階に集まり、海外からの講師はオンラインで参加してもらいます。たとえばブラジルの映像作家ジョナタス・デ・アンドラーデが講師のときは、オンラインで彼の作品を見て、オンラインでともにディスカッションをしました。映像作品は、耳の聞こえない方が多く住んでいるブラジル北東部の村で、人びとが使っている表現豊かな独自の手話に注目したものです。私たちは当然、その手話を知らないわ

o+hが拠点とする浜町LAB.で不定期に開催される「Hamacho Liberal Arts」。
日本とブラジルをオンラインでつないで行われたジョナタス・デ・アンドラーデ（アーティスト）とのディスカッションの様子

「Hamacho Liberal Arts」のレクチャーを聞く参加者たち

けですが、両手をあげて振るのはうれしいときだなとか、オンライン越しで見ていても自然にわかってくるんですよ。

——実際に行こうとしても日本の裏側にある遠い国ですから、価値のあるオンラインですね。

百田　よくわからないまま見ているうち、別の場面で同じ人が出てくると「自分はこの人を知っている」と感じる。わからないからこそ、その人の内面を一生懸命見ようとして、知っている気がするんですね。そこで感じたのは、コミュニケーションは言葉だけではないということです。身振り手振りで伝わることがたくさんあるのですね。電話だと言葉に頼り、メールだとテキストに頼りますが、そうすることで私たちのコミュニケーションから失われていくものは多いのかもしれません。

――相手の動きがはっきりしていて、自分がじっくり相手を見ようとすればオンラインでもそれだけ伝わるということですね。ハイブリッド会議では、リアルに一緒にいる人同士は盛り上がっているけれど、画面の向こうにいる人は置いてきぼりになりがちです。オンラインの人たちとは物理的につながることができない。この浜町LAB．の1階は大きな引き戸を開ければ一気に外部に開かれますね。オープンに周囲とつながっていく。

大西　「Hamacho Liberal Arts」では、ときには通りまで椅子を出して座ることもあります。ルイス・カーンも「街路はコミュニティ・ルーム」だと言っていますが、本当にそうなればいいいと思います。

――集いたくなる、働きたくなる場にするには人の要素が大きいですが、それにはやはり外とつながっていくことが大事ですね。オフィスの中でもワーカーの動線となる「通り」の設計は大切です。

大西　私たちは公共建築などを地域の人たちと一緒につくることが多いのですが、学生たちは地域に触れる経験が限られています。私たちの事務所には近所の魚屋さんが模型材料用に発泡スチロールを持って来てくれたり、金色のピラミッド形サウナをつくりたいと突然訪ねる人がいたり。そういう突然のコミュニケーションへの対応に慣れているので、地域の人もおしゃべりに立ち寄ったりするやわらかい関係ができています。

オフィスには「停滞」があってはいけない

――いまはオフィスもフリーアドレスを採用するところが多くなりましたが、ばらばらな場所で働くようになると、チームやメンバーとの拠り所も必要です。そこには、効率性に加えて、居心地のよさ、外の眺め、人の話をじっくり聞けたりコミュニケーションができる場など、仕事のやりとりだけではない要素を求める傾向もあります（43頁）。そこで気になったんですが、こちらのオフィスの1階にはキッチンやピアノがありますね。

大西　ピアノは私の祖母が母に買ったものでした。私も弾きますし近所の子どもも弾きにきます。キッチンは、コーヒーを飲みながら集まるということも多いので。以前は夕ご飯は皆で食べていました。スタッフが20人を超えてからは、なかなかそうもいきませんけれど。

——スタッフの方たちの仕事場はおもに2階ですね。

大西　はい、仕事の性質上、2階はほとんどが固定席です。ときどきわっと席を入れ替えることがあり、部分的に1階の席に移動させることもあります。皆がいきいき働く空間にはよい気が流れているもの

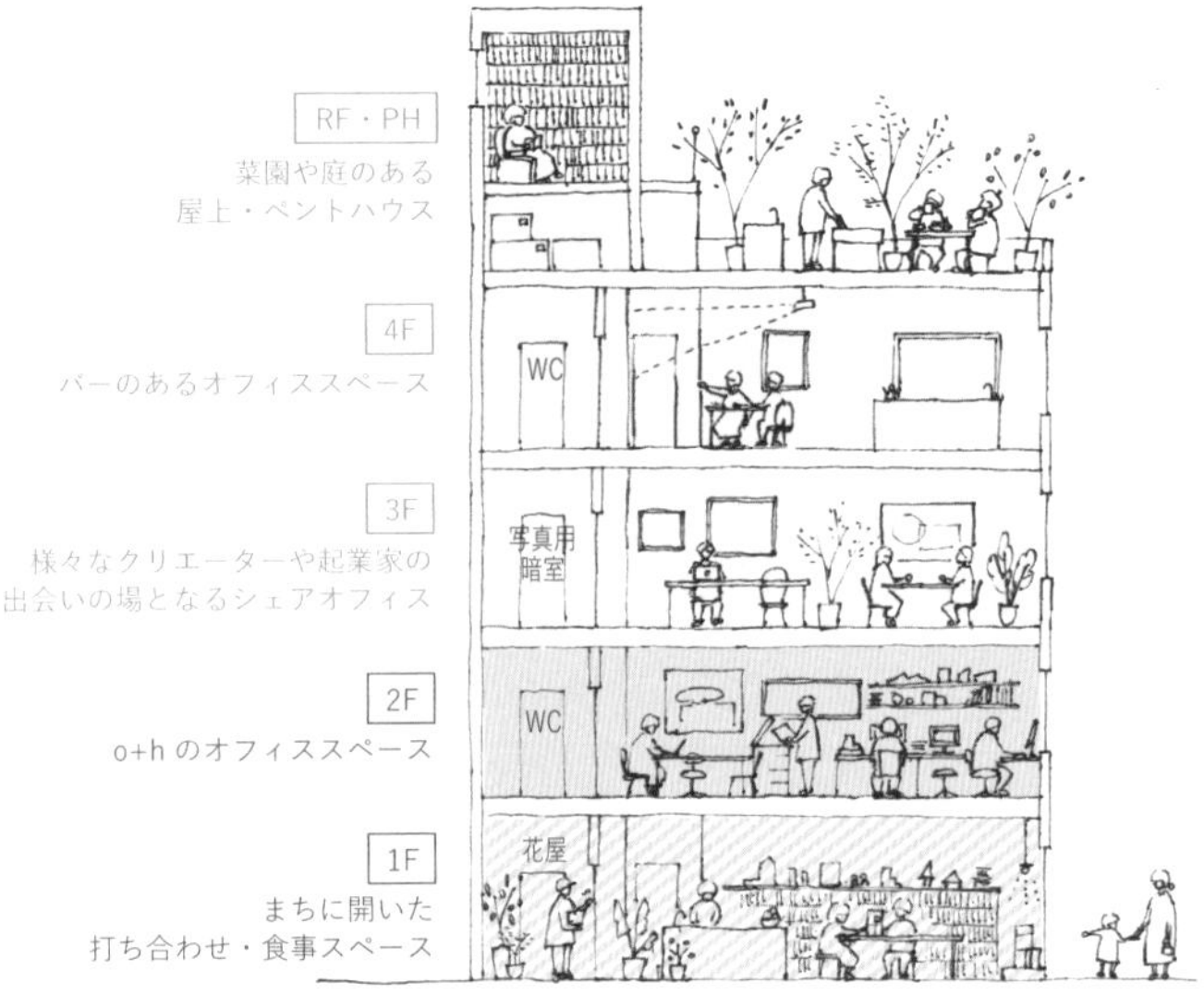

知人たちとともにシェアしている「浜町LAB.」。1･2階がo+hのオフィス

です。ちょっと停滞を感じたら、即座に変えて、いい風を入れるんです。

——3階から上はどのように?

百田　ご案内しましょう。3階は若い起業家などのための開かれたシェアオフィス、4階は京都にあるインキュベーション施設の東京拠点になっています。屋上は自動灌水のガーデンテラスで樹木やハーブを植えていますす。バーベキューもしますよ。階段の途中には花屋さんの小さなオフィスもあります。われわれでお声がけして、1棟を皆でシェアしているかたちです。

「建築」にどれだけのものを含められるか

——仕事とは直接にかかわりのないような要素を、さまざまに取り入れていることを実感します。これは働く人にとってたしかな魅力だと思います。

大西　仕事をしている時間って人生のかなりの部分を占めていて、職種や年齢によっては自宅にいる時間よりも多いですよね。ではそこはどんな場所であるべきか。働く時間の中で、学んだりご飯食べたりしていくわけですから、それがいい時間になるようにしたいですね。私たちは大学でも教えていますが、大学のような学びの機会は職場に入るとブッとなくなります。日々の仕事から学べと。でも、業務から離れて自分を見られる時間は大切です。私たちが設計した山形県の「さくらんぼ畑のオフィス」(2023年)も、企業で働く方々のすぐ隣で、子どもたちが宿題をしたり、地域の人がさくらんぼを手入れしたり、講演会を開いたりできます。その土地で働くことの意味から考え、多様な人が集まり、働き、

山形県東根市を拠点とする建築施工会社の新社屋「さくらんぼ畑のオフィス」2023年。
さくらんぼの木々に囲まれた土地で、地域に開かれた働く場を目指している

学び、楽しみ、考えることが一体となった、新しいオフィスのかたちを目指しました。

――就職すると、仕事から学ぶことだけに懸命になりがちです。それを超えた広がりを目指せるのはどうしてでしょう？

百田　大西さんがやりたいからです（笑）。いまは職場に入ってからの学びの機会は、お金を払ってのサービスや制度に頼るしかありません。地域の中で自然に学べていたことまでサービスや制度に置き換わり、個人には寄る辺ないものになってきている。オフィスを通してそうした場を再構築することはとても大事だと僕も思います。

大西　起点は建築なんですが、その先は建築にどれだけのものを含められるんだろうというチャレンジです。最初はプロジェクトのために地域の方々の話をうかがうのですが、だんだん聞くこと自体が面白くなって、料理から派生して一緒に山菜を採りに行ったり。

百田　この忙しいときになんで!?　ということもありますけれどね（笑）。

大西　そのまちの人が何が楽しいのか、風景のどこを見ているのか、どんな服を着て、何を食べているのか。一見関係ないようですが、それが実感となり、建築を考えるうえでのすごい栄養になっていくんです。

百田　大西さんは裾野をどんどん広げていくんです。地域のおばあさんの話を聞くのも建築だ、と。これも建築、あれも建築に含まれると考えると、建築の可能性がその外側に広がっていく。従来の建築としての山を中心に置いたとして、その裾野を広げていくことが、最終的により驚きのある建築創造につながるようにしたいですね。

大西　一般に建築と呼ばれる以外のところを含んでいく。私たちが目指しているインクルーシブな空間づくりも、まさにそこに含まれていると感じます。

――そうした広い裾野があるから、中心の山もいっそう大きく、堅固になるのだと思いました。働く場にもそのように裾野を広げていくことは大事だと感じます。

使う人たちが新しい意味を発見していく

大西　インクルーシブの視点では、「グッドジョブセンター香芝」（奈良県、２０１６年）の仕事は、私たちにとって価値観が１８０度変わるほどの大きな経験でした。

――どんなお仕事でしたか？

百田　障がいのある人とともに社会に新しい仕事をつくっていく拠点となる施設です。地域で40年以上、障がいを持つ人のアートや仕事の支援をしている方がクライアントなんですが、つくりたい建物への具体的な要望ははじめ提示されませんでした。とあるミーティングで、大学教授や町工場の人やさまざまな分野の方を集めて、「こういうことをしたい」「でもどうしたらいいかわからないので、みなさん一緒に考えましょう」と言われたんです。

大西　それで、おのおのが自分にできることを考え始め、気づいたら仲間になっているという感じでした。もともと運営されていた施設に行くと、独自の

障がいのある人の個性や想像力を活かした新しい仕事をつくる拠点「グッドジョブセンター香芝」2016年。
上：エントランスからアトリエを見る。
下左：アトリエ。
下右：地域に開かれた1階カフェ。窓下には長いベンチを設置

アート作品をつくる人、商品の梱包をする人、新聞を読みながら電話番している人など、ありとあらゆることが仕事になっていて面白いなーと思いました。だから「どれもすばらしい仕事だ！」と讃えられるような空間を考えたいと思いました。

百田　仕事をするにも、テーブルを共有するのが好き、壁に一人で向き合っていたい、倉庫の片隅に一人でいたい……、など居心地のよさもそれぞれ違います。それも多様な働き方なんです。きちっと並べたデスクで皆で働くほうが異様かもと感じるようになりました。この仕事を通して世界の見方がすごく変わりましたね。

――かつてのオフィスはたいてい、同じ机が並べられて、均質的な空間が一般的でした。学校の教室もそうですね。でもそこにはいま変化の兆しがあると思います。

すべての子どもたちに開かれた遊び場「シェルターインクルーシブプレイス コパル」2022年。
山形県蔵王の山並みと呼応するような曲線状の屋根が広がる

スロープに囲まれるような体育館

これからはさまざまな立場や個性、嗜好の人びとが意欲を持って働ける場をどうつくるかが問われます。「シェルターインクルーシブプレイス コパル」(山形県、2022年)も、障がいの有無にかかわらず子どもたちが自由にのびのびできる場としてつくられ、本当に素晴らしいです。あのような建築を生み出せるのはどうしてでしょう?

大西　これは答えになっているかわからないんですが、スタッフには、「生き物としての建築をどうとらえるか一緒に考えましょう」と言っています。建築の「生き物らしさ」をどう展開するか。そのひとつが、居場所をどうつくるかです。人間はうれしいときも悲しいときも苦しいときもある。建築はそのすべてを受けとめなければなりません。また、建築にはつくった人間の未熟さも表れます。その未熟さは使う人の寛容さに支えられています。そのように使う人びとを想像し、謙虚に、誠実につくることが大切なのだと思います。

百田　僕の場合はもうちょっと実践的に考えていまして、コパルの仕事を通して、ひとつのものに多重の意味を見出していくことが重要だと強く感じました。インクルーシブということを全体から考えるか個から考えるか。個人だけを起点に考えると独立したものになってしまう。個人から広げ、他者をいかに包含するかです。たとえば車椅子の人にスロープは必要です。それが建物の中で楽しい場になっていたら、子どもたちは駆け上がりたくなるでしょう。そうやってみんなにとって必要なものになります。最初から使い方を意図してつくるのでなく、楽しさを発見していってほしいんです。

――多重の意味を見出し、使い方を自由に発見できる寛容さもインクルーシブのあり方なんですね。

大西　文章もそうですよね。説明しすぎると読むほうは退屈。少ない言葉であっても読み手にきっと伝わるであろうという信頼があってはじめていい読み物になると思います。建築も、つくる側と使う側双方の想像力がないといい場所にならない。竣工後の日々でどんどん変わっていく建築も多くあります。使いながら育て、変化させていい。それが使う人への私たちからの信頼です。

――使う人を信頼するということ、それがあるからいい場所に変化するんですね。

働く場とは人が生きる場所だから

――人が集い、働く場はこれからどうなっていくとお考えでしょう？

大西　いちばんに思うのは、人生のなかで長い時間を過ごす場であると気づいてほしいということですね。働く場は、自分がどんな土地に生き、どう暮らしていくかということと地続きであってほしい。家族や同僚の暮らし方も重要でしょう。そうしたところから見ていけば、その土地固有の働き方、建築やランドスケープのあり方、家具のあり方まで横断的に見えてくるのではないでしょうか。

百田　働くこと自体が生きていることですから。仕事にはある程度の生産効率が求められますが、それが人でも建築でも交換可能なものになってはさみしいですね。たとえばものをつくる場でも、どんな人が集い、どんなものをつくるのかという個性が発展していけば、そこでしか生まれない交換不能な場になるはずです。

――働くって生きること……。当たり前のことなのに切り離して考えることが多いですね。お二人はそこをすっとひとつながりで考えてらっしゃる。大切なことです。

大西　おばあちゃん、おじいちゃんになって、職場のあの空間はよかったなぁと思い出せるといいですよね。そういう場があるってとても重要。幼稚園から大学までそういう場がありますよね。友達とご飯を食べた机とか、夕陽がきれいだった窓辺とか。働く場にもそういう記憶に残るような場所が一カ所でもあるといいですね。

百田　昔は福利厚生として社員旅行や忘年会などがありましたが、いまの時代にはあまり合わないですよね。オフィスに記憶に残る場があるというのは、たとえば放課後の子どもたちが集まれるとかお茶を飲みに集うとか、そんな場を制度としてではなく自分たちで考えていくことから始まるのかもしれません。

――ほんとうにそうありたいです。日本の都市部では働く場と生活の場が離れているのも阻害要因ではありますが。

大西　ハード面で言いますと、インクルーシブの視点でできることはかなり広がります。床材は硬いものでなく座っても気持ちいいふわふわのもの、空間は間仕切りで完全に閉じるのでなくほのかに見通せるもの……。そう考えていけば、使い方や楽しさも広がりますし。

百田　建築はパーツごとの精度が高まり、その組み合わせで進化してきました。けれどもひとつのパーツで解決しようとせず、連関のなかで考えていけば、もっと寛容な空間になり、居心地よさにつながると思うんですよ。

――それはたとえばどんなことでしょう？

百田　いまの時代僕たちは背が高くて転倒の危険があるなら、その家具自体を改善しようとするでしょう？　そうでなく高い植木鉢を横に置けば倒れず、見た目も気持ちいい。ひとつの要素だけで解決しようとせず、連関のなかで解決すれば五感での居心地よさにもつながるのではないかな。

――たしかにその通りですね。五感で考えなければ。

大西　子どもたちが来てくれるようなオフィスなら、いっそうそうなるでしょう。皆が居心地よく、互いに支え合えるような。

――そういう余白的な空間が必要なのだと思います。ただ、多目的スペースとして机と椅子を置いても、使われないケースが多いんです。

大西　余白って、はっきりと意図しないほうがいいのかも。自然に生まれていくのがいいですね。家具も最初に全部入れすぎず、使い都合で徐々に変えていけばいい。

――それも使う人たちへの信頼ですね。使う人たちとの信頼を築くためにつくる側ができることを考えて取り組んでいく、働く場の裾野を広げていくことにもつながりそうです。おじいちゃん、おばあちゃんになって仕事をしていた空間をよかったなぁと思い返せる、そんな働く場にぜひしていきたいです。お二人のお話、とても刺激になりました。

百田有希　Yuki Hyakuda

1982年、兵庫県生まれ。2006年、京都大学工学部建築学科卒業。2008年、同大学大学院工学研究科建築学専攻修士課程修了。2008年、大西麻貴+百田有希／o+h共同主宰。2009〜14年、伊東豊雄建築設計事務所勤務。2017年より横浜国立大学非常勤講師。山形市南部児童遊戯施設「シェルターインクルーシブプレイス　コパル」にて2023年日本建築学会賞(作品)受賞。

大西麻貴　Maki Onishi

1983年、愛知県生まれ。2006年、京都大学工学部建築学科卒業。2008年、東京大学大学院工学系研究科建築学専攻修士課程修了。2008年、大西麻貴+百田有希／o+h共同主宰。2017年、横浜国立大学大学院Y-GSA客員准教授。2022年、同プロフェッサーアーキテクト(教授)。山形市南部児童遊戯施設「シェルターインクルーシブプレイス　コパル」にて2023年日本建築学会賞(作品)受賞。

「ここならいてもいいかな」と思える場づくり

永井玲衣（哲学研究者）
聞き手＝花田愛

集うこと、対話すること

――近年、私がかかわっている研究で、オフィスに行きたくなる要件（25頁）、チームの拠点に求めること（43頁）を調査すると、「じっくり相手と向かい合える」とか「ゆったりした気持ちでいられる」「相手の話を傾聴できる」など、かつては働く場所にあまり求めてこなかったような要望が出てきています。これからの働く場所に、対話や傾聴をどう取り入れていけばよいのか、さまざまな人たちと対話の場をひらいてきた永井さんに、ぜひお話をうかがってみたいと思っていました。さっそくですが、永井さんは「哲学対話」をどういう想いで続けていらっしゃるのでしょうか。

永井　私は「哲学対話」の活動を始めてまだ10年ほどです。はじめは、大学生のころに先輩に誘われて参加したという単純なきっかけだったのですが、実は自分が哲学を志したころから自分のなかで問い続けていた「なぜ人が集うというのはこんなにも難しいのか」という問いに行き着くというのが、この活動に惹かれていった経緯です。

ここで言う「集う」というのは、個々がバス停でバスを待っているように集まっている状態ではなく、「集おうとして集うこと」であり「互いに場を編もうとすること」です。私たちは、まだ2人で話すならうまくいきますが、3人以上になるとハチャメチャになってしまうことがある。家族や教室、会社、もっと大きく言えば社会、国、世界において、私たちはどうしてこんなにも集うことが苦手なのか。そして、どうして社会にはそういう場所がほとんどないのだろうか、それがすごく不思議でした。哲学対話は、単に人びとと哲学をするだけではなく、一緒に場をつくろうとする試みとしてとらえ直すことができると思っています。

――特に学校や会社は、集いたくて集っているというより、ある目的のために集められていて、永井さんの言う「集う」とは少し違っているように思います。「集う」をどのようにとらえていますか？

永井　二方向あると思います。ひとつは、「私たちには考えていることがある。けれども、それを表現する場が果たしてこの社会にあるだろうか」という想いに立ち、集おうとして集う場をつくること。もうひとつは、家族や教室、社会などで、多くの場合は「気づいたらここにいてしまっている」という状況の場合です。自分だけ「イチ抜けた」することもできません。そういうとき、常にばらばらにいる私たちは、また集い直さなければいけないのです。

――具体的には、集いの中でどんなふうに対話を進めていくのですか。

永井　私がこだわっているのは、「参加者から問いを出す」ということです。そのために問い出しの時間をたっぷりとります。それ自体も哲学対話の非常に重要な時間です。方法としては、日頃みなさんが「よく考えると変だな」とか、もやっとしているようなことを教えてもらいます。そのとき、「自由とは何か」みたいなかっこいい問いもいいですが、私は手のひらサイズで等身大の、人肌があるような問いが好きなので、「そういうものを教えてください」とお伝えします。そうすると、対話的に誰かの言葉に触発されていろんな問いが出てきます。後半は、その中からひとつスタート地点となる問いを決めて、さらに掘り下げるというかたちで進めています。10年以上哲学対話をやってきましたが、不思議なことにこの「問い」はほとんどかぶることがないんです。

《こそ場》ではなく《なら場》をつくる

――先日の哲学対話（2024年1月12日、広島・ハチドリ舎で開催）をオンラインで拝見して、「ここここそ私の場」《こそ場》ではなく「ここならいてもいいかな」と思える場《なら場》をつくるという永井さんの言葉がとても印象に残っています。働く環境に置き換えて考えてみると、「ここここそ」と熱く会社にコミットしている方もいらっしゃると思いますが、「ここなら」という方が、長くその組織に居続けられるのかもしれないと思いました。働く場所に「対話・傾聴」を求める声に対して、これからのオフィスづくりのヒントになるような気がしています。

永井　多くの場合、私たちは「ここにいなくてもいいかな」という場で生きています。でも「ここにいなくてもいいかな」と「ここならいてもいいかな」というのはまったく違います。また「ここここそ私の場」というのとも違っていて、居場所になりすぎるとそれはそれで息が詰まってきてつらい、ということがあると思います。

――いま、ワン・オン・ワン（1on1）[1]を取り入れる企業も増えているようです。空間を提案する側として、どんなによい空間づくりができたとしても、実際にそこが対話の場になるかというと難しい。もっと自然に、永井さんの言う「集う」とか「対話」を働く場所に取り入れるためには、どうすればよいでしょうか。

永井　企業の方から、「自然に対話が起こるような仕組みはありますか？」とたずねられることがよくありますが、ベンチを置けばいつのまにかそこで対話が始まるかというと、そうではない。そもそも私は、対話というのはとても人工的なものだと思っているんです。

――対話が人工的とは？

永井　対話がいつのまにか発生するのは素敵ですが、やっぱり「いまから対話というわけのわからないことをみんなでやります」というように、意識的につくろうと試みるものだと思うのです。それを始める人は誰でもいいのですが、その人が場をつくるわけではありません。みんなで「ともに編む」ということがとても大事です。たとえば、対話を始める前に、「今日みなさんは、どういう約束があれば、ここにいられるなと思いますか」と、一人ずつ約束ごとを言ってもらったりします。そのときルールという言葉は使いません。「○○してはダメ」ではなく「○○しなくてもいい」という約束です。たとえば、眠くなってもいい、黙っていてもいいなど、一人ひとり言っていくことで、見えない何かをみんなでつくっていくような感覚になっていきます。

――その感覚みたいなものが、対話の始まりということですか。

永井　そうですね、始まりというか、もうそれ自体が対話的というか。何が達成されているかよりも、どんな場であるかが大切です。

手のひらサイズの哲学で「わからないこと」に向かい合う

――永井さんの著書『水中の哲学者たち』に、小学校での哲学対話のシーンが描かれていました。教室で子どもたちの誰か1人が発言すると、それに呼応してみんなが次々と言葉を発していき、対話によってどんどん場の雰囲気が変わっていく感じを、とてもリアルに思い浮かべられました。誰が正解ではなく、お互いが多面的でデコボコしていていいんだということ、それをわかり合える瞬間を体験していましたね。

永井　対話をしたことがないという人でも、思い返せばあれって心地よかったとか、ここならいられるという経験はあるものです。でも、それはたいてい偶発的で、真に信頼できる人とか、大好きな仲間との経験だったりします。だけど私たちは、もっと多様な他者と生きていて、さまざまな権力勾配のなかで生きている。そうだとすればかなり意識的に「対話をつくる」という目線がないと、自然発生的にはなかなか生まれないことだと思います。

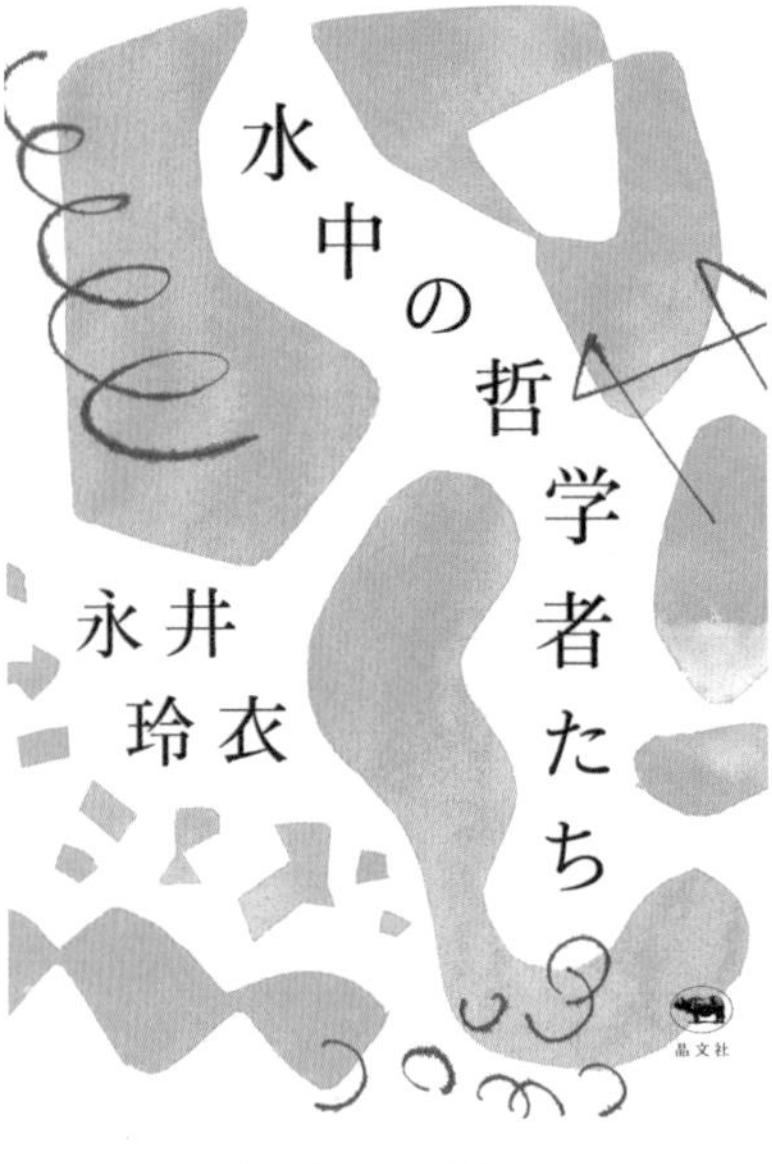

永井玲衣『水中の哲学者たち』晶文社

子どもたちとの哲学対話の様子

――そういう経験があったとしても、その場を再現するのは難しいですよね。

永井　それは私たちが、場をつくるという経験が希薄だからかもしれません。たまたま誰かが、ぽつりと言ったすごくいい言葉に対して「それ、めっちゃいいじゃん！」って盛り上がるような経験はおそらく偶発的なもので、「いまここをいい場にしよう」という意識ではやっていなかったと思います。

――たしかにそうですね。企業研修でいわれる対話づくりは、永井さんの言う対話や場づくりとはまったく違うもののように感じます。子どもたちの対話はすごくイメージできたのに、働く場所での対話となると、私には想像することすら難しくて。永井さんの著書のエピソードの中に、とある会社でぽろぽろ泣いて話す女性の話がありましたが、本来感情を露わにすることのない働く場所で、どうしてそんなことになったのか興味がわきました。

永井　泣くというのは、おそらく自分の話をするからです。自分の人生の話をすることによって、実は仕事の話もできるということだと思います。企業研修にも呼ばれることがありますが、みなさんに仕事のことを話してくださいと言っても、絶対に言いませんよね。そこに「哲学」というわけのわからないものが差し込まれることで、日々の「なんでだろう」や、モヤモヤするようなことを問い直すことができるようになるのです。そこに普段の仕事では不要とされてきたもの、どうでもいいことだと押し込められていたものが出てきます。ある企業での哲学対話では、プライベートであったことの苦悩から「居心地が悪いってなんだろう」という問いが出てきました。でも、それって、自分たちの職場が居心地悪いっていう話なんですよね。だけど、哲学的な問いだから話せるのであって、「あなたの会社の居心地の悪いところを言ってください」と言っても絶対に出てこないわけです。

――「哲学」という笠のおかげで、ポロッと本音が出てくるわけですね。

永井　はじめからそれをねらっているわけではありませんが、哲学って自分の生そのものに向き合う営みでもあるので。思わず笑っちゃうような問いでもいいんです。「自分の髪の毛なのに、抜けたらめっちゃキモいのなんで？」とか、そういうことから話せることが大事だと思います。

対話のちから×空間のちから

――対話について知れば知るほど、職場や仕事で直接かかかわりある人との関係のなかではやっぱり難しくて、第三者の存在が不可欠だというふうに思います。

永井　やっぱり武装し合っていますから、なかなか難しいというのもわかります。でも、哲学対話のいいところは、人を人間にすることです。「部長ってそんなこと考えてたんですか⁉」とか、「部長、中学のときそんなことしてたんだ！」とか。問いの前では部長じゃなくて人間になるんです。

――やっぱり職場の人間関係のままでは対話は難しいですよね。近年、職場のマネジメントが支配型から支援型（サーバントリーダーシップ）[2]に変わっています。そのなかでは、傾聴や共感が必要だといわれます。働く場に、対話や話す場が求められているのは事実ですが、どうすれば本当の対話の場をつくっていけるのだろうかと悩ましいです。

永井　「聞いてあげる／答えてあげる」の関係だとお互いの負担になると思います。哲学対話のいいところは、「みんなわからない」ということです。部長もわからない、私もわからない。わからないから人の話を聞きたくなるのです。つまり、権力勾配は消すことはできず、そこに抗いながらも「問いの前では皆対等」というところに希望があるのかなと思います。そうして「あなたがいたから、私からこの言葉が生まれた」というような感覚をお互いに経験できるのが対話のよさだと思います。

――組織の中でも同調圧力などを感じず、自由に意見が言い合えるような空間づくりを目標にしてきましたが、今日のお話を聞くと、残念ながら空間だけではどうにもしようがないのかなと思いました。

永井　でも、こちらとしても空間がなければ絶対に対話はできないんですよ。

——本当ですか？

永井　東大教授の梶谷真司さんが、哲学対話の参加者からの「今日はあまり対話がうまくいかなかったのですが、ファシリテーションのどこが悪かったのでしょうか」という質問に対して、「それはファシリテーターの問題というよりも、たとえば蛍光灯が明るすぎたとか、だだっぴろい公民館でやっていたとか、そういう空間の問題であることがほとんどだよ」と答えていました。それは、私もすごくわかるんです。対話の場は、危険な場所だったり、騒音でうるさかったり、緊張するような場所だとできないんです。場所選びはとても大変で、この社会には、そういう場所がなさすぎると思いますね。

——なんだか急に空間づくりの可能性が見えてきました。対話する場所を選ぶときのポイントなどはありますか。

永井　対話に呼ばれていくときに、普段と違う非日常の場所にしてくださいとお伝えしています。たとえば学校だったら、教室ではないところ。図書館、礼拝堂やお寺、芝生の上、古着屋のお店でやったこともあります。つまり、私たちの頭の中にある「会議室」から遠い場所を探すということです。そもそも普段とは違う場をつくるという試みなので、いつもの場と違うとすでに、普段と違う私でいいかもと思えたりする。それから、普段とは身体のあり方が変わるので、そこでまた思考も変わっていくということもあると思います。会議室ではなく、おしゃれなカフェのちょっと座りにくい椅子とか、ラグや畳の上に座るとか。場所によって、ふわっと身体がほどけていくような感覚があります。だけど、改めて

古着屋で行われた哲学対話

考えてみると、私自身が心地よい空間とは何かを知らないのかもしれないですね。取材で「好きな場所はありますか」という問いに対して、「図書館です」「お布団です」みたいな表面的な答えはあっても、多くの人は考えたことないのかもしれないですよね。

傷ついた私たちの修復方法

永井　本当は必要とされていることなのに、みんながうまく空間を活用できないというのは、私の対話への問題意識と似ているように思います。

――結局のところ、やっぱり対話をどうやっていいのかわからないのと同じように、与えられた空間をどう使えばいいのかわからないのかもしれませんね。

永井　対話はいいよねと言いながら、誰も対話をやりたがらないし、私たちは対話をしたことない。「対話」が空っぽの言葉になっているのと一緒で、その空間をどう使っていいのか知らない、使えるとも思ってない。いずれも自分が主体だと思っていないという感覚が共通しているのかもしれませんね。

――まさにそうだと思います。たとえどんなに優れた調整機能を持つオフィスチェアがあっても、みんな最初の設定のまま使っていたりするんですよね。与えられた空間も同じで、どうすれば空間に対して主体的になれるのかというのは、これからの環境づくりにおける重要な課題だと思います。対話と空間に似ている課題があるというのは新しい発見でした。

永井　いずれにしても、いま日本社会に生きている私たちは、「傷ついている」というところをスタート地点にしたほうがいいと思っています。みんなそれぞれ、いろんな傷を積み重ねてきていて、特にいまの10代なんて、ものすごく繊細で怖がりです。まず、「私たちって傷ついているよね」って、傷の修復から始めないとけっこうつまずくと思います。空間についても同じことが言えるのかもしれませんね。

「フィロソファー・イン・レジデンス」[3]という考え方が日本でもすこしずつ普及してきましたが、哲学者にかぎらず、カウンセラーやセミナー講師などと空間づくりの人が共創できることはもっとたくさんあるだろうなと、つくづく思います。

――いまは働く場所に求めるものがだんだん大きくなってきています。「対話・傾聴」を求める一方で、離職率の原因の多くはやはり人間関係です。全員が会社の人とウェットな関係を望んではいません。ここならいてもいい《なら場》を目指すというのは、現実的な方向性だと思いました。対話ってとても興味深くて、必要なはずなのに、働く場所ではすごく難しい。だからこそ私たちも集おうとして集い、互いに場を編まないといけないのだなと思いました。

註

1 定期的に上司と部下が1対1で行う短時間の対話（評価面談とは異なる）。近年多くの企業が導入し、対話により社員の自発的な成長を促すとされる。

2 奉仕し、導くことがリーダーの役割であるという考えにもとづくリーダーシップ哲学。ロバート・K・グリーンリーフ博士が提唱。従業員のパフォーマンスを最大限に高める効果があるとされる。

3 哲学者が、学校などの組織に継続的にかかわり、教員や生徒だけでなく保護者や地域住民などとともに学校・教育・地域にかかわる諸課題について対話しながら解決に向けて動きだす活動。

永井玲衣　Rei Nagai

1991年、東京都生まれ。哲学研究と並行して、学校・企業・寺社・美術館・自治体などで「哲学対話」を幅広く行う。独立メディア「Choose Life Project」や、坂本龍一、Gotch主催のムーブメント「D2021」などでも活動。著書＝『水中の哲学者たち』（晶文社、2021年）ほか。

出典

空間

働き方が変わったいま、出社したくなるオフィスとは？

[検証1]

花田愛・高橋正樹・渡辺秀俊・浅田晴之「『行きたくなる』ワークプレイスの研究 その1 研究概要及びアンケート調査」『大会学術講演梗概集』環境工学、日本建築学会、2021年、91〜92頁

高橋正樹・花田愛・渡辺秀俊・浅田晴之「『行きたくなる』ワークプレイスの研究 その2インタビュー調査」『大会学術講演梗概集』環境工学、日本建築学会、2021年、93〜94頁

チームを活かすことができるのはどんな場所？

[検証2]

野々田幸恵・三輪愛・遠藤真智子・木村紋香・佐藤泰・花田愛「プロジェクトとしてのパフォーマンス発揮要件の考察 その1：プロジェクトワークの類型化及びクラスター毎の特性の把握」『大会学術講演梗概集』建築計画、日本建築学会、2023年、11〜14頁

三輪愛・野々田幸恵・遠藤真智子・木村紋香・佐藤泰・花田愛「プロジェクトとしてのパフォーマンス発揮要件の考察 その2：プロジェクトワーク場面毎の対面／リモート適性の把握」『大会学術講演梗概集』建築計画、日本建築学会、2023年、15〜18頁

「プロジェクトワーク成功のポイント」『KNOWLEDGE-WORK DESIGN REVIEW2023 解剖！ABW』オカムラ、2023年、35〜40頁

[検証3]

花田愛・高橋正樹・渡辺秀俊・浅田晴之「『チームのホーム（拠点）にしたい』ワークプレイスの研究 その1 研究概要・インタビュー調査」『大会学術講演梗概集』環境工学、日本建築学会、2022年、169〜170頁

高橋正樹・花田愛・渡辺秀俊・浅田晴之「『チームのホーム(拠点)にしたい』ワークプレイスの研究 その2チームの特徴とホームにしたい場所の関係」『大会学術講演梗概集』環境工学、日本建築学会、2022年、171〜172頁

「オフィスにチームの拠点をつくる」『KNOWLEDGE-WORK DESIGN REVIEW 2022 エシカルワークスタイル』オカムラ、2022年、54〜61頁

カジュアルな空間は、仕事のパフォーマンスを上げる？

[検証4]

高橋正樹・渡辺秀俊・花田愛・浅田晴之「カジュアルなインテリアがワーカーのアクティビティに与える影響に関する研究」『大会学術講演梗概集』環境工学、日本建築学会、2020年、1〜2頁

視線

集中が途切れないのは、どんなスペース？

[検証5・6]

花田愛・沼田明葉・佐野友紀・新谷里々花「サイドパーティションの形状が横並びに座るスペースの集中しやすさに与える影響」『大会学術講演梗概集』建築計画、日本建築学会、2023年、3〜4頁

グループワークを活性化させる座席の向きは？

[検証7]

掛井秀一・花田愛「ディスカッション時のポインティング及び視線に『向き』が及ぼす影響」『文理シナジー』第19巻第26号、文理シナジー学会、2018年、19〜26頁

ノートパソコンは各自持参。それでも会議にディスプレイは必要？

［検証8］
掛井秀一・花田愛「ICTを導入した学習環境においてディスプレイの配置がグループワークへ与える影響　PBLのための学習環境の開発に関する研究（その2）」『日本建築学会計画系論文集』第83巻第753号、日本建築学会、2018年、2131〜2139頁

接触

会話中の動きは、私たちのどんな意識を表している？

［検証9］
友野貴之・小松優里・阿部廣二・古山宣洋・花田愛・上西基弘「立位姿勢での会話における家具・什器の効果検証 その3：テーブルのサイズおよび高さが正対する会話参与者の姿勢に与える影響」『大会学術講演梗概集』建築計画、日本建築学会、2021年、833〜834頁

立ち話の最中、どこかに触れたくなるのはなぜ？

［検証10］
阿部廣二・友野貴之・古山宣洋・花田愛・上西基弘「立位姿勢での会話における家具・什器の効果検証 その2：会話する二者間に介在するテーブルが自己接触行動に与える影響」『大会学術講演梗概集』建築計画、日本建築学会、2020年、809-810頁
友野貴之・平尾穂乃果・牧野遼作・古山宣洋・花田愛「立位姿勢での会話における家具・什器の効果検証 その4：テーブルのサイズおよび高さが正対する会話参与者による什器への接触行動に与える影響」『大会学術講演梗概集』建築計画、日本建築学会、2022年、629〜630頁

立ったまま会話をする2人の間に、テーブルは必要？

［検証11］
友野貴之・阿部廣二・古山宣洋・花田愛・上西基弘「立位姿勢での会話における家具・什器の効果検証 その1：テーブルおよび会話の想定状況が対面する二者の快・不快度に与える影響」『大会学術講演梗概集』建築計画、日本建築学会、2020年、807〜808頁

位置

2人の共同作業がはかどるのは隣の席、それとも？

［検証12］
花田愛・掛井秀一「ペアタスクにおけるコミュニケーションに座席配置が与える影響」『日本オフィス学会誌』第12巻第1号、日本オフィス学会、2020年、19〜26頁

四角いテーブルと丸いテーブル、共同作業にどう影響する？

［検証13］
花田愛・吉田健介・掛井秀一「机上面に形成される心理的領域への天板形状の影響　PBLのための学習環境の開発に関する研究（その1）」『日本建築学会計画系論文集』第80巻第710号、日本建築学会、2015年、823〜830頁

立ち姿勢が仕事の効率を上げるって、本当？

［検証14］
花田愛・掛井秀一「ペアタスク時のコミュニケーションに姿勢の違いが与える影響」『日本オフィス学会誌』第13巻第1号、日本オフィス学会、2021年、37〜44頁

ローテーブルやソファは、どんな仕事に向く？

［検証15］
花田愛・嶺野あゆみ・掛井秀一「グループワークにおけるコミュニケーションにテーブル高さが与える影響」『大会学術講演梗概集』建築計画、日本建築学会、2019年、535〜536頁

おわりに

本書を書くことになったきっかけのひとつに、学位を取得したことがあります。業務を続けながら論文博士というかたちでようやくの取得でした。この本には学位論文の内容に、そこに含まれていないさまざまな先生方との共同研究の内容を加えて15の検証を掲載しています。

ひとつの研究を実施するのに、計画・構想から論文発表まで約1年を要しています。15年分の研究を集めた本とも言えると思います。15年というとなかなかに長い時間です。生まれた子どもが高校生になり、大人になろうとするような年月です。社会の状況も働く環境も大きく変化します。

40年以上にわたる研究所のアーカイブには、普遍的な研究結果、その時点の状況だからこその結果、その時点では気づかなかった新しい価値を見出せるものなど、さまざまな成果が蓄積されています。それらを振り返るなかで、私は「集う」ことを考えたいと思いました。これまで「集う」ことは働く場における前提条件のようなものでした。しかし、それが当たり前と思っていた状況から、コロナ禍での経験、ＩＣＴの進化を踏まえながら、「集う」ことをもう一度考えてみる必要があると思ったからです。

オフィスで「集う」ことが楽しい、有意義だと感じられれば、オフィスに「行きたくなる」のではないでしょうか。一口に「集う」と言っても、さまざまな集い方があります。働く場で「集う」ことを考えたとき、仕事を前に進めるための議論をする集いに大きなウェイトがあるように思いがちです。本書の中では、そのような議論がうまくいくためにどのような工夫ができるのか、といったことも紹介しています。しかし本書をまとめながら気がついたのは、積極的なコミュニケーションをとるための集いだけでなく、その場所にいたいと思う、居心地がいい、メンバーとのつながりを感じられるといった、「静かな集い」ともいう場が働く場所に求められているということでした。

大西麻貴さん、百田有希さんへのインタビューのなかで、年をとってからいい場所だったと思い出せる働く場になるといいというお話がありました。まちのお気に入りの喫茶店や公園のお気に入りのベンチのように、働く場もそんな個人の思い入れを持てる場所になっていくといいと思います。そして、そのような場所は「静かな集い」の場なのだろうという気がしています。

永井玲衣さんには、一緒に場をつくろうとする試みとして、哲学対話のお話をうかがいました。そこで受けた、対話と空間が似ているという指摘がとても印象的で、空間に対して主体的になってもらうためのアプローチが大切なことに気づきました。そのためには新しい動的な集いの場が必要なのだろうと思います。

本書では「集う場のデザイン」というテーマの研究を集めていますが、載せられなかった研究も数多くあります。また、研究所では、ほかにも多くの視点で研究を行っています。働く環境を考えていくうえでは、空間だけではなく社会学、心理学、経営学など多様な観点が必要です。働き方はこれからも変化をし続けます。その時々で、大事になるテーマも変わってくるでしょう。これからの集う場、働き方がより豊かで楽しいものになるよう、新しい着眼点で研究を進めていきたいと思います。

最後に、さまざまな研究を通して、刺激的な議論や学びの機会をいただいた先生方や研究に協力いただいたみなさまに感謝いたします。また、出版の機会をくださった社内のみなさま、丁寧に原稿の助言をしてくださったワークデザイン研究所のみなさま、本当にありがとうございました。編集にかかわってくださったみなさま、多くの方のご協力をいただき研究を本の形としてまとめられたことに感謝しています。どうもありがとうございました。

２０２４年春

花田愛

写真クレジット

copal　182
Moeko Ishiguro　174
Yurika Kono　173
Yoshiro Masuda　181
志鎌康平 / Commissioned by the Nippon Foundation DIVERSITY IN THE ARTS　183
八木咲　193・197

編集協力

掛井秀一・渡辺秀俊・高橋正樹・佐藤 泰・佐野友紀・古山宣洋・
友野貴之・鯨井康志・森田 舞・豊永郁代・秋川ゆか・帳 章子

花田 愛　Ai Hanada

株式会社オカムラ ワークデザイン研究所
リサーチセンター 所長

大学院修了後、岡村製作所（現オカムラ）に入社。専門は芸術工学。空間デザイナーを経て、現在はコミュニケーションと空間環境をテーマに、これからの働き方とその空間の在り方についての研究に従事。博士（学術）。大阪大学国際公共政策学部招聘教員、名古屋市立大学芸術工学部非常勤講師。著書に『オフィスはもっと楽しくなる―― はたらき方と空間の多様性』（共著、プレジデント社）がある。

「行きたくなる」オフィス　集う場のデザイン

2024年 4 月10日　第 1 版　発　行
2024年10月10日　第 1 版　第 2 刷

著作権者との協定により検印省略

著　者　花　田　愛
発行者　下　出　雅　徳
発行所　株式会社　彰　国　社

162-0067　東京都新宿区富久町8-21
電　話　03-3359-3231(大代表)
振替口座　00160-2-173401

自然科学書協会会員
工学書協会会員

Printed in Japan

印刷・製本：シナノパブリッシングプレス

ISBN 978-4-395-32204-6　C3052　https://www.shokokusha.co.jp